公務員試験
過去問攻略Vテキスト ⓬

TAC公務員講座 編

経営学

はしがき

本シリーズのねらい――「過去問」の徹底分析による効率的な学習を可能にする

合格したければ「過去問」にあたれ。

あたりまえに思えるこの言葉の，ほんとうの意味を理解している人は，じつは少ないのかもしれません。過去問は，なんとなく目を通して安心してしまうものではなく，徹底的に分析されなくてはならないのです。とにかく数多くの問題にあたり，自力で解答していくうちに，ある分野は繰り返し出題され，ある分野はほとんど出題されないことに気づくはずです。ここまできて初めて，「過去問」にあたれ，という言葉が自分のものにできたといえるのではないでしょうか。

頻出分野が把握できたなら，もう合格への道筋の半分まで到達したといっても過言ではありません。時間を効率よく使ってどの分野からマスターしていくのか，計画と戦略が立てられるはずです。

とはいえ，教養試験も含めると20以上の科目を学習する必要がある公務員試験では，過去問にあたれといっても時間が足りない，というのが事実ではないでしょうか。

そこでＴＡＣ公務員講座では，みなさんに代わり，全力を挙げて「過去問」を徹底分析し，この『過去問攻略Ｖテキスト』シリーズにまとめあげました。

網羅的で平板な解説を避け，不必要な分野は思いきって削り，重要な論点に絞って厳選収録しています。また，図表を使ってわかりやすく整理されていますので，初学者でも知識のインプット・アウトプットが容易にできます。

『過去問攻略Ｖテキスト』の一冊一冊には，“無駄なく勉強してぜったい合格してほしい”という，講師・スタッフの思いが込められています。公務員試験は長く孤独な戦いではありません。本書を通して，みなさんと私たちは合格への道を一緒に歩んでいくことができるのです。そのことを忘れないでください。そして，かならずや合格できることを心から信じています。

2019年7月　ＴＡＣ公務員講座

※本書は，既刊書『公務員Ｖテキスト13　経営学』の本文レイアウトを刷新し，『公務員試験　過去問攻略Ｖテキスト12　経営学』とタイトルを改めたものです。

〈経営学〉はしがき

「経営学」という言葉を聞いたとき，みなさんはどのような事柄を思い描くでしょうか。やはり「企業」や「会社」でしょうか。「経営学」は基本的には「企業経営」すなわち「企業（会社）をどう運営していくか」に関する学問です。現代社会は企業社会といえます。公務員の業務は企業と関係するものも多く，公務員には企業経営に関しての理解が求められています。経営学は国税専門官，国家一般職大卒程度試験など，さまざまな公務員試験で毎年出題されており，科目としての重要度の高さがうかがえます。

本書は，この経営学を公務員試験に向けて効率的に，できるだけ短期間で習得できるように配慮して作成されています。

そもそも，経営学は広範な領域にまたがる学問であり，そのすべてを習得するのは困難です。しかし，過去の出題傾向を徹底的に検討すると，その出題範囲はかなり限定されているといえます。そこで本書でもその頻出部分に多くのページを割いています。また，出題傾向としては，難易度の高いものもまれにありますが，全般的には基本的事項の理解を問う問題がほとんどです。したがって，本書のテキスト部分を熟読し，さらに理解の度合いをExerciseで確認するという効率の良い勉強を繰り返せば，必ずや経営学はみなさんの目的達成の大きな力になるでしょう。

読者のみなさんが目的意識をもってたゆまぬ努力をされ，本書がみなさんの目的達成の一助となり，「合格」を勝ち取られることを心より願っております。

ＴＡＣ公務員講座

本書の構成

◉本文は，ポイントを絞った内容で，わかりやすく解説しています。

（↓図はいずれもサンプル頁です）

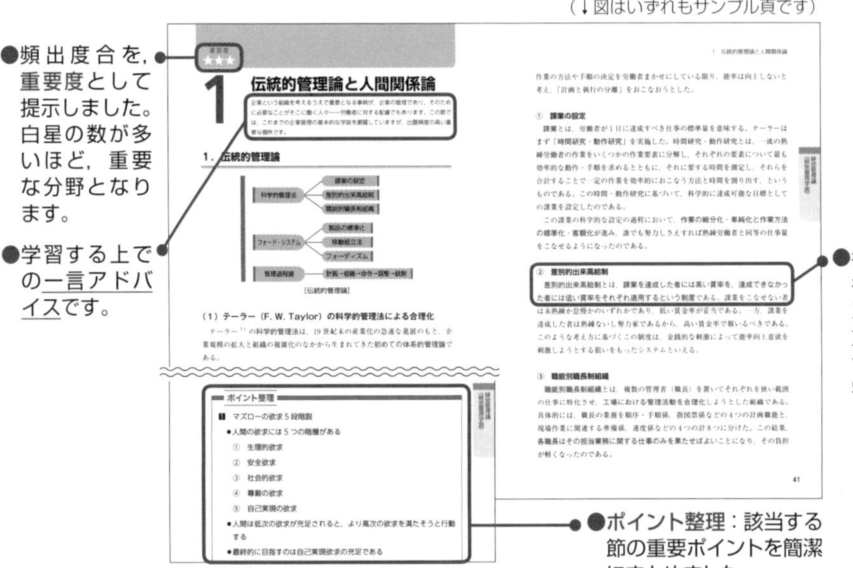

●キーワード，キーセンテンスは太字，特に重要なものについては色文字にしました。

●ポイント整理：該当する節の重要ポイントを簡潔にまとめました。

◉過去問ベースのExerciseで，学習内容をチェックしましょう。

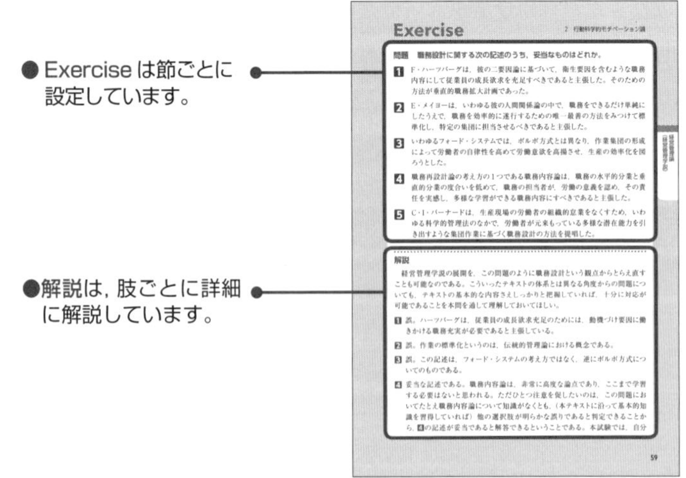

目次

第5章　その他

第1章

企業論

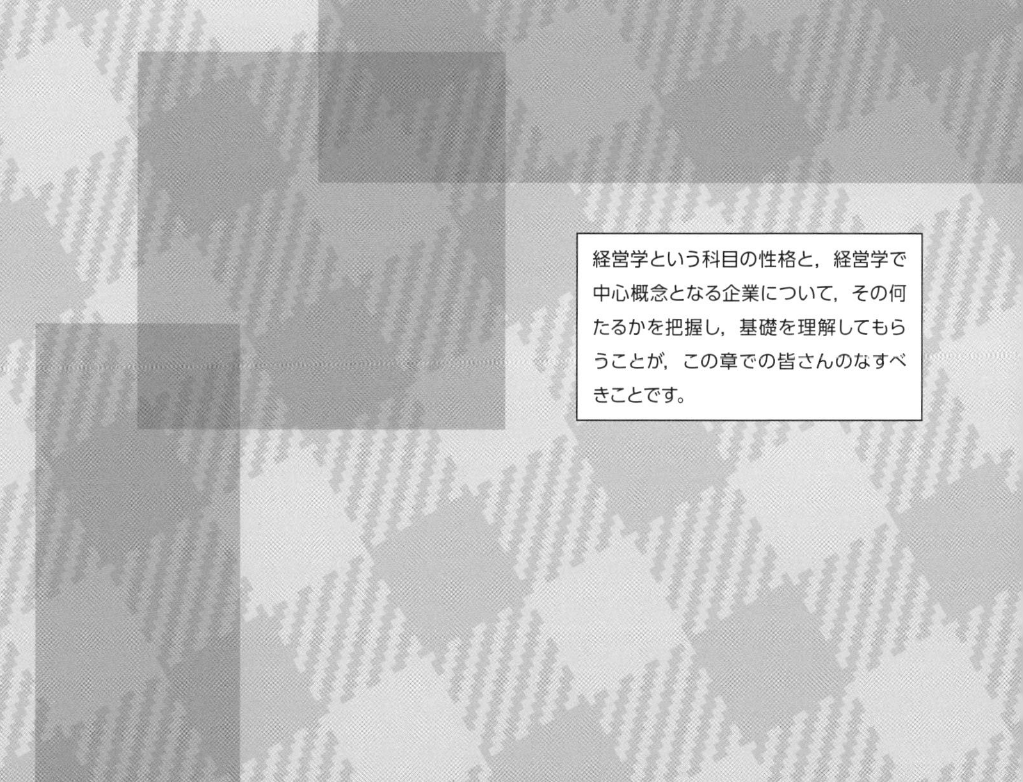

経営学という科目の性格と，経営学で中心概念となる企業について，その何たるかを把握し，基礎を理解してもらうことが，この章での皆さんのなすべきことです。

経営学の基礎概念―狭義と広義の経営学―

みなさんが学ぶ経営学とは何か，基本的理解をしてもらうことが本節の目的です。

1．狭義と広義の経営学

経営学は，これまでは「企業がいかに運営されているか」といった点について研究していく学問として認識されていた。しかし，情報や交通が整備されて人や物の往来が頻繁になり，社会が大きな１つの枠組みとしてとらえられていくなかで，単に企業という組織に限定されず，さまざまな組織の共通項として企業という組織のあり方，そしてその構造等が認識され，そこに経営学的側面が形成されていった。

狭義の経営は「**企業経営**」を指すが，広義に解釈すれば「特定の目的を合理的に達成するための技術的装置をもつ組織またはその活動」を指す。この解釈に従えば，近代社会のさまざまな組織は，多かれ少なかれ，経営の性質を帯びている。病院経営，学校経営，官公庁経営，あるいは家庭経営といった言葉が用いられることからも理解できよう。近代企業は，このような合理性を組織の基本原理としている。したがって，企業以外の組織にも経営の概念が適用され，経営学は広義にも解釈される。特に社会学的側面からアプローチすれば，すでに「企業」と「経営」はほぼ同義語としてさえ位置づけられている。

通常の経営学，もしくは公務員試験における経営学は，狭義の経営学に限定される。とはいっても，企業は単に利益を追求していけばよいというものではなく，また，そのためにも必要なものが労働力である。目次をご覧になればわかるとおり，ある意味では経営学とはかけ離れていると思われる人間関係論や行動科学といった，心理学的な課題が組み込まれているのはそのためである。つまり，経営学とはそこに働く人をも対象としつつ研究される学問であり，それだけにより実践的で，広い内容をもって展開されるものである。だからこそまた，今日においては，経営の概念が，さまざまな諸組織においても適用されるわけである。

また，経営学とは一種の経験科学であり，過去の優れた経営の実態から導き出され，学ぶに足る普遍性のある事柄を原理原則として体系化されたものといえる。「経営的な物の見方，考え方」を身につけることが社会人としての重要な条件であるといわれるのは，このためである。

このテキストでは，基本的には対象は企業経営に限定し，公務員試験合格に目標を置くが，ぜひ経営学の広義の意味についても，いずれ勉強することが望まれる。

2．企業の２つの側面

企業とは，国民経済の基礎単位であり，生産手段の所有と労働の分離を前提として，社会に財またはサービスを提供することにより，営利（利潤）を第一義的な目的として追求する経営組織である。したがって，企業は第一に生産手段の所有と労働とが分離している点で生業と異なり，第二に営利追求を目的とする点で学校，病院，官公庁など非営利的な経営組織とも異なる。第三には営利追求が第一義的な目的である点で，協同組合や消費組合とも異なる。ただし後述するように，今日の企業，特に大企業にとっては，営利追求は唯一の目的ではなくなっている。

なお，企業という言葉は，元来は資本主義企業を指していたが，現在は，公企業や社会主義企業にも準用されている。

経営学が対象とする企業の２つの側面は，次のとおりである。

第一に，企業は株主，経営者，労働者，すなわち従業員など多くの人々の集まりによって構成される**内部環境**をもつ組織体だという点である。たくさんの人がまとまりをもって財の生産やサービスの提供といった活動を展開し，それにより１人ではとうてい成しえないことも可能にしている。しかし，そこには多数の人間が存在するゆえの問題もある。企業の活動がスムーズに展開されるためには，そこに属する一人ひとりの意欲や努力が必要であり，そういった個人の意欲や努力を調和をもってうまくまとめていくことが必要になる。人間関係論や行動科学を学ぶ必要性の１つはこの点にある。

第二に，企業はさまざまな**外部環境**に取り囲まれた存在であるという点である。企業は経済社会のなかで１つの活動単位として行動しているが，その活動は数多くの外部社会との関係の上に成り立っている。そして，その関係の良否で企業の存続や衰退が決定づけられてくる。たとえば，企業の提供する財・サービスが，消費者という外部者の好みに合わず購入されなければ，企業は利益を上げられない。すなわち，この側面では，企業が外部との良好な関係を築いて，それに適応していけるかどうかが重要なカギを握ることになる。

結局，企業を対象とする経営学の中心的課題は，企業の以上の２つの側面について考察することが主となる。本テキストでもこの見方に沿って，議論を展開していく。

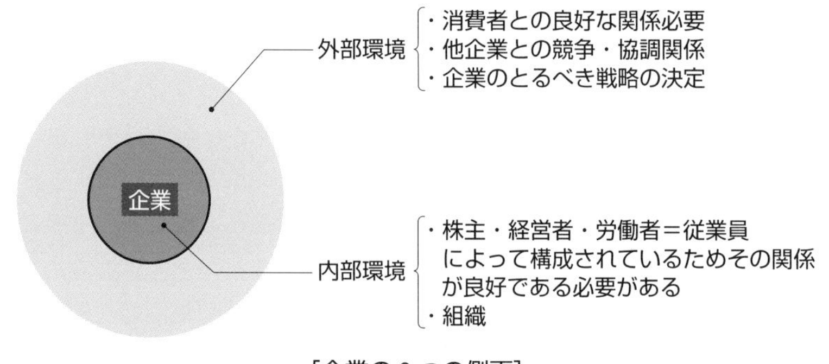

[企業の２つの側面]

ポイント整理

企業の２つの側面，内部環境の問題と外部環境との関係，これらに対する考察を軸に経営学は展開される。

2 企業論

企業とは何かについて，所有と経営の分離などからみていきます。

1．企業形態論

企業とは会社のことを意味する。従来の商法においては，わが国では4種類の会社（株式会社，有限会社，合資会社，合名会社）が認められていた。しかし，会社法の施行（2006年5月施行）により，有限会社が制度上廃止され，合同会社が新設された。したがって，現行制度では株式会社，合資会社，合名会社，合同会社の4種類が制度上認められている。

（1）会社の種類

会社法では社員（法律用語では従業員のことではなく出資者のことを意味する）の責任の態様にもとづいて，会社を，合名会社，合資会社，株式会社，合同会社に分類している。

① 合名会社

合名会社とは，無限責任社員，すなわち，会社債権者に対し直接連帯無限責任を負担する社員のみからなる会社である。

社員は無限責任を負う反面，原則として，会社の業務を執行する権利・義務を有する。

② 合資会社

合資会社とは，無限責任社員と直接有限責任社員とからなる会社である。有限責任社員はまだ履行していない出資額について直接連帯の責任を負う点は無限責任社員と同じであるが，出資額を限度とする有限責任を負うに過ぎない。改正前商法では，合資会社の業務執行は無限責任社員のみがおこない，有限責任社員は専ら出資者としての側面が強かったが，会社法にはそのような規定がないので無限責任社員と同様に直接有限責任社員も原則的に業務執行をおこなう権利・義務を有する。

③　株式会社

株式会社とは，その有する株式の引受価額を限度とする**間接・有限責任**を負うに過ぎない社員（＝株主）のみからなる会社である。

社員は有限責任であることに対応して，基本的事項の決定には参加するが，業務執行には参加しない。しかも社員の地位は細かく単位化された株式によって表され，かつ原則としてその**譲渡は自由**とされているので，誰でも容易に会社に参加することができる。

④　合同会社

合同会社は主として独自の技術をもちながら資金調達の難しいベンチャー企業のために新設された会社形態である。

合同会社とは，間接有限責任社員のみからなる会社であり，内部関係については組合的規律が適用される会社である。合同会社においては有限責任を確保しつつ内部的には自由な取り決めが可能となり，この結果，合同会社の出資者は有限責任でありながら経営に参加することができる。

上記4種類の会社のうち，一般的には**株式会社が現代の会社制度の中心**となっている。なぜなら株式会社は社員の責任が**間接有限責任**であり，かつ，**株式の譲渡が原則自由**であり，さらに，大規模株式会社の場合には**株式の流通性**が証券市場を通じて確保されていることから，社会の遊休資本を集めるのに適しているからである。

したがって，一般的には経営学における企業とは株式会社のことを前提としている。

歴史的には，17世紀初頭の**東インド会社**が株式制度と株主総会をもった株式会社の原型とされている。初期の株式会社は王室や政府の特許によって設立が認められていたが，その後，株式会社の設立が準則主義に変わることによって急速に発展した。日本では1872年の**第一国立銀行**が最初の株式会社であるといわれている。

〈参考〉特例有限会社

従来，有限会社法で認められていた有限会社とは，株式会社の株主と同様の責任，すなわち間接・有限責任を負う社員のみからなる会社である。しかし，株式会社と異なり，社員の人数が原則50人を超えてはならないと限定されており，会社の設立手続や組織などが簡素化されており，中小企業に適しているといえる会社形態であった。

しかし，2006年5月の会社法の施行とともに有限会社法は廃止され，今後は有限会社を新たに設立することはできなくなった。

したがって，会社法施行以前から存在している有限会社は会社法施行後は会社法上の株式会社となる。しかし，会社関係者の混乱を避けるため，会社法施行後も有限会社法とほぼ同様の規律を受けることができ，かつ，有限会社の商号も従来通り用いることができるようにした。このような会社は「特例有限会社」とよばれている。

特例有限会社は定款の変更や登記を経て株式会社に移行することができる。

〈参考〉相互会社

相互会社とは保険会社にのみ認められている会社形態である。生命保険会社は，株式会社のように株主の出資によって成立しているのではなく，保険契約者の保険料などによって成立している。保険契約者は原則，社員となり，経営陣は社員代表，株主総会にあたる機関は社員総代会という形で構成されている。生命保険会社は社員総代会の決議と金融庁長官の認可により株式会社に転換することが認められており，近年，生命保険会社の一部は株式会社への転換を図っている。

（2）株式会社制度

株式会社の制度については商法（会社法）の出題範囲であるが，経営学でも何度か出題されており，また，後述するコーポレート・ガバナンス（企業統治）について理解するためにも必要であるため，基本的な事項について簡単に整理しておきたい。

① 株式会社の機関

新しく施行された会社法では，会社の機関設計が著しく多様化（30パターン以上の機関設計）し，諸条件によって各機関の性質も多様化＊注した。

＊注　すべての株式会社で株主総会と取締役の設置は必要である。しかし，公開会社においては取締役会・監査役（大会社では監査役会）は原則として設置する必要があるが，一定の場合には取締役会や監査役を設置しないことも可能である。また，会社機関の責任の態様なども多様化している。詳細な説明は『過去問攻略Ｖテキスト７商法』を参考にしてもらいたい。

以下では大規模株式会社を前提として主たる会社機関である株主総会，取締役会，代表取締役，監査役についてみていくこととしたい。

１）株主総会

株主総会は，会社の基本的事項について，会社の意思を決定する必要的機関であり，**株式会社の最高意思決定機関**である。株主は株主総会では原則として１株につき１個の議決権を有し，株主数ではなく株主の所有する株式数に応じて議決がなされる（資本多数決制）。**株主総会では，取締役の選解任や役員報酬の決定，定款の変更など会社の重要事項が決議**される。

２）取締役会

株式会社の最高意思決定機関は株主総会であるが，株主総会は通常年に数回しか開催されず，株主総会のみで会社の業務方針などを決定するには困難が伴うことから，株式会社では**株主総会において取締役を選任**する。**取締役はその全員によって取締役会という合議体を構成**する（取締役会設置会社の場合）。取締役会は，取締役の全員によって構成される合議体であり，取締役は１人１議決権をもって決議をおこなう。

取締役会の権限は一般に，**業務執行の意思決定**と，**代表取締役の職務執行の監督**である。

３）代表取締役

代表取締役とは，会社の業務執行をおこない，対外的に会社を代表する機関である。取締役会設置会社では必要かつ常設の機関である。代表取締役は，取締役会の決議によって，取締役の中から１人以上選任される。

４）監査役（監査役会）

監査役とは，**取締役等の職務執行の監査**にあたる機関である。株主は株主総会において，取締役の選解任や決算承認を通じて取締役を監督するが，それだけでは不十分なので，株主総会で監査役を選任し，取締役の職務執行を監査させることにしている。

監査役は取締役と同様，株主総会の決議によって選任される。その権限は，取締役の職務を監査し，会計監査および業務監査をおこなうことである。

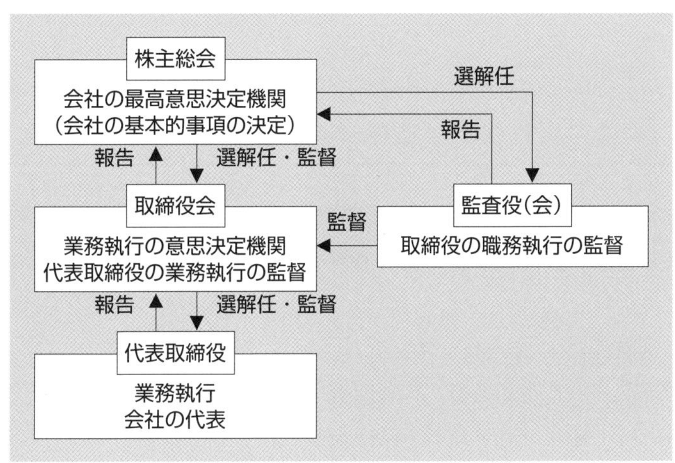

[株式会社の機関の概要]

〈参考〉株主の権利

株主の権利は大別して自益権と共益権とに区別できる。

自益権…社員が会社から経済的利益を受けることを目的とする権利。たとえば，利益配当請求権や残余財産分配請求権などのことをいう。

共益権…社員が会社の経営に参画することを目的とする権利。たとえば議決権などのことをいう。

〈参考〉キャピタルゲインとインカムゲイン

株主は2つの方法で株式会社に対する投資から利益を得ることができる。

キャピタルゲイン…株式の売買益のこと

インカムゲイン…株主に対する配当のこと

(3) その他の企業の形態

① 企業集中の形態

企業は様々な結合形態があるがそのうち代表的なものを示しておく。

1) カルテル

カルテルとは同業の各企業が独立性を保ちつつ，生産量や価格について協定を締結することにより，自由な競争を制限したり，市場支配の効果をもつ共同行為をいう。

2) トラスト

トラストとは，議決権信託や株式所有を利用した企業の独占的な結合形態である。議決権信託トラストは，各企業の株主から議決権の委託を受けた受託者が，役員選解任など統一的な経営を行う形態である。有名なのはアメリカのスタンダード・オイルである。株式所有（場合によっては持株会社）を利用したトラストは，株式所有を通じて統一経営をおこなう形態である。有名なのはUS スティールである。

3) コンツェルン

コンツェルンは独立性を保持している複数の企業が資本や金融を通じて結合する形態で，多くの場合には巨大企業と巨大金融機関の結合がみられる。一般的には持株会社型の巨大な企業結合体のことを意味する。最上位に持株会社が支配会社として存在し，傘下に様々な企業を取り込んだ形態である。戦前の日本の財閥は典型的なコンツェルンである。

4) コンビナート

コンビナートとは，企業の独立性は維持しつつ垂直的な結合の利益を追求しようとする企業の集団をいう。たとえば，石油コンビナートでは各企業が特定地域に集積して立地し，工程の分担をおこなっている。ただし，コンビナートでは，各企業に対する統一的な管理はなく，各企業の交渉によって価格や生産量の決定がおこなわれる。

5）コングロマリット

コングロマリットとは複合企業体のことであり，主にM&A（企業の買収・合併）などにより様々な産業に多角化した企業群のことをいう。

その他，日本に特有の企業結合の形態として企業集団や企業系列があるが，これについては第5章で述べる。

②　その他の企業の形態

その他経営学では特殊な企業の形態を表すさまざまな用語がある。

1）ベンチャー企業

ベンチャー企業とは一般に，独自性の高い技術・製品・サービスなどにより新市場を開拓して急成長するビジネスを担う企業のことを意味する。中小企業のなかでも単なる下請業務ではなく，独自性の高いビジネスをおこなう企業のことである。ベンチャー企業はアメリカでは経済構造改革の担い手として注目されたが，それに対して，日本では資金面などの支援制度が発達しておらず，あまり目立った活躍がなかったが，近年では制度面が充実し活躍するベンチャー企業もみられるようになっている。

〈参考〉ベンチャー企業

ベンチャー企業には関連するさまざまな経営用語があり，そのいくつかを以下に紹介しておく。

①　社内ベンチャー

企業内でおこなわれるベンチャービジネスのこと。

②　企(起)業家（アントレプレナー）

企業家とは，さまざまな定義があるが，一般的には新しい知識等に基づいてリスクを負担し，新規事業を起業する人のことを指す。

③　ベンチャー企業の資金調達

ベンチャー企業は会社の信用力や担保となる資産が不足しているた

め銀行から融資を受けることが困難であり，資金調達の方法を提供することが非常に重要である。アメリカでは**エンジェル**（ベンチャー企業に資金供給をおこなう個人投資家のこと。アメリカでは成功したベンチャー企業の経営者等がなることが多く，創業すぐのベンチャー企業に資金提供や経営ノウハウの提供をおこなう）や，**ベンチャー・キャピタル**（機関投資家等が有望なベンチャー企業に対して資金提供や経営のアドバイスなどをおこなうために設立した法人）がもともと多く，このことがアメリカにおけるベンチャー企業の育成に寄与してきた。たとえば，ボストンのルート128やシリコンバレーは有名なベンチャー企業の集積地であり，マイクロソフト社，デル社，ヤフー社などはコンピューター関連のベンチャー企業であった。

それに対して日本では，従来，ベンチャーに対する資金供給や経営のアドバイスをおこなう主体が存在せず，アメリカと比較してベンチャー企業の発展は遅れていたが，近年ではナスダックやマザーズといった新規企業向けの資金調達市場も整備され，また，エンジェル税制などが設けられ，エンジェルが育ちやすい環境が整いつつある。

2）ファブレス企業

ファブレス企業とは，工場などの生産設備を全くもたず，製造や販売をすべて外部委託する製造業の中小企業のことを意味する。日本やアメリカでは半導体産業などにファブレス企業を多くみることができる。

3）中小企業

中小企業とは，中小企業基本法の定義によれば，製造業その他では資本金3億円以下または従業員300人以下，卸売業では資本金1億円以下または従業員100人以下，小売業では資本金5,000万円以下または従業員50人以下，サービス業では資本金5,000万円以下または従業員100人以下の企業をいう（1999年）。日本では民間非一次産業の企業・事業所の99%以上が中小企業，民間非一次産業の就業者の60～70%は中小企業の従業員である（日本以外の他国でもこの状況はほぼ同じである）。しかし，現実の中小企業は，下請に従事する企業からベンチャー企業まで多種多様な存在を含んでおり，一概に特徴をいうことは難しい。

また，中小企業のなかには独自の製品技術などをもち高い利益をあげる企業もあり，こうした中小企業とはいいがたいが規模的に大企業の域には達していないような企業は**中堅企業**とよばれることもある。中堅企業の概念は1960年代に中村秀一郎（主著『中堅企業論』1968年）が提唱した。

2．所有と経営の分離

（1）所有と経営の分離

法律の規定に従えば，株主が株式会社の所有者であり，株主総会を通じて会社をコントロールできるはずである。ところが，現実には株主が会社を支配する力（たとえば，経営者すなわち取締役を選任し，解任しうる力の保持）は弱まってきている。その理由は以下のとおりである。

① 株式会社の規模拡大にともない**株式所有が分散**して，1人で大きな影響力をもつ大株主がいなくなった。

② 企業**経営が複雑化・高度化**して，専門的な経営能力と企業についての十分な知識をもつ**経営者**でなければ実際の経営が難しくなった。

結局，株主は経営に対する直接的な影響力を失い，経営者が**企業**を実質的に**支配**するようになった。このことを「**所有と経営の分離**（または**所有と支配の分離**）」とよぶ。

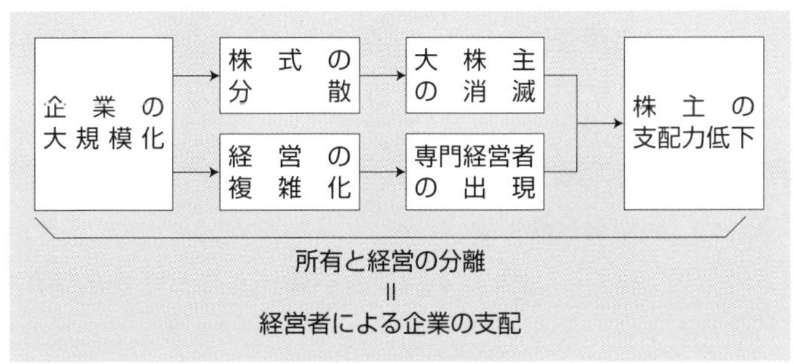

［所有と経営の分離］

(2) バーリとミーンズの調査研究

1930年代のバーリ（Adolf A. Berle, Jr.）とミーンズ（Gardiner C. Means）の研究（『近代株式会社と私有財産』1932年）は，所有と経営の分離に関する実証研究の先駆け的な存在といえる。彼らは，企業の発行済株式数に占める最大株主の持株割合を基準にして，所有と経営の分離の進行段階を以下の5つに分類した。

① ほとんど完全な所有による支配…密接な関係をもった株主グループが会社の株式の80%以上を所有している状態。個人会社や同族会社の場合であり，所有と経営はほぼ一致している。

② 過半数持株支配…個人または小集団が会社の株式の50%超を所有している状態。この最大株主が会社の経営を支配できる。

③ 法律的方法による支配…個人または小集団による50%超の株式所有はないが，無議決権株式の利用や議決権信託の組織化などにより過半数持株支配となっている状態。

④ 少数持株支配…個人または小集団が会社の少数比率の株式しか所有していない状態。しかし，他にそれ以上の大株主がいないので，この少数株主が支配権をもつ状態。

⑤ 経営者支配…最大株主でも持株比率が20%以下（後述のラーナーは10%以下）の状態。株式が広く分散しているため，最大株主でもその株式所有を基礎とした経営の支配はできず，専門経営者が実質的に支配権をもつ。

バーリとミーンズの調査において，米国の非金融大企業上位200社のうち約44%の企業が経営者支配の状態にあることが明らかになった。

(3) 経営者支配論の成立

① バーナムの「経営者革命」論

バーナム（J. Burnham）はマルクス理論を修正して，資本主義社会の次に到来するのは社会主義ではなく，経営者階級が支配する激しい搾取経済社会であると論じた。

バーナムの理論は，旧ソ連の公企業と経済官僚の利権の拡大という事実に反発するような形で提案されたものである。バーナムは会社を構成する単位を以下の4つに分類した。

第一グループ…技術的過程の管理・統制を担う経営者

第二グループ…財務担当者

第三グループ…金融資本家

第四グループ…一般的株主

国家の生産統制，経済介入を前提として，生産過程の増大に従い，生産の技術的過程に携わる，第一グループに属する経営者のみが経済官僚とともに肥大していくというのがバーナムの理論である。

●バーナムの理論の問題点

旧ソ連の経済体制を前提としているという点と，経営者が技術的側面にのみ責任をもつといった経営者観に問題がある。

② ゴードンの「ビジネス・リーダーシップ」論

ゴードン（R.A. Gordon）は，企業の意思決定を構成する概念を「支配」と「リーダーシップ」とに分類し，経営者にリーダーシップを発揮させるインセンティブとなるのは，金銭的インセンティブではなく，非金銭的インセンティブであるとした。彼の議論は，いわゆる「コーポレート・ガバナンス」論の1つとしてとらえることもできる。

ゴードンによれば，「支配」とは，経営者を選任，解任する力であり，その権限は通常所有者たる株主が保有するが，企業の意思決定に対しては，外部的利害者集団にすぎない。一方，「リーダーシップ」職能を果たすのは，実質的な意思決定に携わる経営者側である。

経営者は金銭的インセンティブと非金銭的インセンティブによって自己の利益の増大をはかろうとするが，金銭的インセンティブは企業の業績変動ほどには変動的ではないので，相対的に魅力的な非金銭的なインセンティブのほうが経営者にとっては魅力的となり，それがリーダーシップを発揮させるインセンティブとなる。

●ゴードンの理論の問題点

株主の機能を単に経営者の任免権に限った点にある。企業の意思決定に際しても，株主が大きな発言力をもつといった場合が多い。

③　ガルブレイスの「テクノストラクチュア」論

ガルブレイス（John Kenneth Galbraith）の一種のテクノクラシー論であり，バーナムの理論とほぼ同じで，技術にかかわる主体による経済社会支配が訪れるとした議論であるが，技術知識を保有し，生産計画を担う国家官僚のような主体を特に「テクノストラクチュア」とよんだ（彼の造語）ところに特色がある。

3．現代企業の所有構造

（1）日本企業の株式所有構造

日本企業の株式所有構造は1990年代半ばを境として急激に変化しており，1990年代前半までと1990年代後半以降に分けて把握することが必要である。

①　日本企業の株式所有構造の状況

〈日本企業の株式所有構造（単位：%)〉

	政府･地方公共団体	金融機関	事業法人等	証券会社	個人･その他	外国人(個人･法人)
1970年	0.6	31.6	23.9	1.3	37.7	4.9
1975年	0.4	35.5	27.0	1.4	32.1	3.6
1980年	0.4	38.2	26.2	1.5	27.9	5.8
1985年	0.3	39.8	28.8	1.9	22.3	7.0
1990年	0.3	43.0	30.1	1.7	20.4	4.7
1995年	0.3	41.1	27.2	1.4	19.5	10.5
2000年	0.2	39.1	21.8	0.7	19.4	18.8
2003年	0.2	34.5	21.8	1.2	20.5	21.8

（注）全国証券取引所『平成15年株式分布調査の調査結果について』投資部門別株式保有比率の推移より作成。市場価格ベース。なお，金融機関には銀行，信託銀行，生命保険会社，損害保険会社などを含んでいる。

②　1990年代前半までの日本企業の株式所有構造とその影響

1）所有構造

●**法人株主の割合の高さ**

東京証券取引所の上場企業の発行済株式数のうち，

個人株主の割合：約30%，

法人株主（金融機関・事業法人等などを指す）の割合：約70%であり，

法人株主の割合が非常に高い。

●**株式の相互持合と安定株主化**

主要な法人株主の内訳は，**メインバンク**＊注1を中心とする銀行，生命保険会社，企業集団＊注2や企業系列に属する企業であり，それらによる株式の相互持合がおこなわれていた。

＊注1　メインバンクとは，企業との融資取引上，トップシェアを有する銀行である。メインバンクはその企業に対して融資をおこなうのみならず，株式を引き受けて安定株主となったり，役員を派遣するなどの人的な結びつきもあった。

＊注2　企業集団とは，日本に従来存在した対等関係にある大企業同士の企業間関係のことを意味する。日本にはいわゆる6大企業集団とよばれるものが存在しており，三井，三菱，住友の旧財閥系と第一勧銀，三和，芙蓉（富士銀行系）の新興系の6つがあった。6大企業集団は株式の相互持合や社長会の結成，役員兼任などで密接に繋がっていた。しかし，バブル経済の崩壊後，企業集団はほぼ解体したといってよい。

また，これらの法人株主のほとんどが，よほどのことがない限り所有する株式を売却せず，株主総会では現経営陣を支援する**安定株主**となっていた。

2）影響

株式の相互持合を基盤として安定株主が多数を占めるという所有構造の影響として以下の点が挙げられる。

●**相互所有に基づく相互信任・相互不干渉**

日本企業では株式の相互持合がおこなわれていたため，企業同士は相互所有に基づく相互信任・相互不干渉を基盤とした経営者支配が成立していた。

●**長期的視野の経営**

日本企業では株主からの短期的な利益を求める圧力が低く，また，敵対的な企業買収（M&A）の脅威からも解放されるため，経営者は長期的な視野で経営をおこなうことができた。

●個人株主の軽視

相互持合をおこなう法人株主は安定株主として通常，経営者側に立つため，企業経営を監視するメカニズムが十分に機能しておらず，また，個人株主の影響力は低下し，その利益は軽視される傾向が強かった。たとえば，日本では株主に対する配当（利益の分配）は欧米企業と比較して低く押さえられる傾向が強かった。1988年から91年の平均値では，配当性向は日本約30％に対して，アメリカおよびドイツは約50％となっている。日本では配当が利益に連動せず，利益と無関係に額面を基準とした安定配当がおこなわれていることが多かった。

●メインバンクの影響力

日本企業では，従来，資金調達においては株式発行による**「直接金融」よりも，借入金などによる「間接金融」が主流**＊注であったためメインバンクが企業経営に対して一定の影響力をもっていた。

＊注　直接金融とは金融機関を通さず資本市場を通して直接，出資者から資金を調達する方法をいい，間接金融とは銀行等の金融機関が集めた資金を融資の形で調達する方法をいう。

③　1990年代後半以降の日本企業の株式所有構造の変化とその影響

しかし，日本ではバブル経済の崩壊後，株式の所有構造に大きな変動が見られた。すなわち，**株式の相互持合の解消と外国人株主の増大**である。

1）株式の相互持合の解消

株式の相互持合は，1960年代後半から資本の自由化がおこなわれ，外国資本による日本企業の乗っ取りを防止する安定株主工作の一環としておこなわれ，1980年代後半のバブル経済期に大量の**エクイティファイナンス**（転換社債，新株引受権付社債，新株予約権付社債などによる新株の発行を伴う資金調達のこと）がおこなわれた際，さらに進展した。

しかし，金融商品に関する時価会計の導入や持続的な株価の低迷によりデメリットが顕在化したため近年**解消**が進んでいる。

株式の相互持合が解消した結果，日本企業では安定株主が減少し，浮動株主が増大した。日本企業は敵対的企業買収の脅威によりさらされるようになり，加えて，バブル期における企業不祥事の多発の影響を受けて，株主利益の重視やより厳格なコーポレート・ガバナンスを求められるようになった。

2）外国人株主の増大

1990年ごろまで外国人株主の比率は10%未満であったが，1990年以降急速にその比率は伸び，現在では約20%の株式保有比率にまで上昇している。

外国人株主が増大した結果，日本企業は企業経営やコーポレート・ガバナンスにおいてグローバル・スタンダードへの適合がより求められるようになった。

（2）米国企業の株式所有構造

①　1930年代以降の米国企業の所有構造の変化

1）株式所有の機関投資家への集中（1930年代～1960年代）

1930年代のバーリ＝ミーンズの研究の後，**ラーナー**（R. J. Larner）はバーリ＝ミーンズの手法を踏襲して1963年にアメリカの非金融最大200社の支配状況についての実証研究をおこなった。

その結果，約85%（169社）の企業が経営者支配の状況に分類されることになった。その結果をもってラーナーは「経営者革命の終結」を示唆したのである。

ところが，ラーナーの研究の発表とほぼ時期を同じくして，米国では1960年代後半頃から株式の所有構造に大きな変化が生じ，「経営者革命」は終り「**株主反革命**」が起きるのである。すなわち，再び株主が本来の所有者としての影響力を取り戻すという現象が生じたのである。

米国では1950年代から60年代にかけて，M&A（企業の買収・合併）のブームが生じるなか，**企業の株式が年金基金や投資信託を代表とする機関投資家**＊注1**に再集中**するという現象が生じた。彼ら機関投資家は企業の株式を資金運用のポートフォリオに組み込み，配当や売買益などの短期的な収益増大のみに関心があり，**ウォール・ストリート・ルール**＊注2にのっとって短期的な株式売買を繰り返していった。

＊注１　機関投資家とは，顧客の資金を預かりそれを株式や債券等に投資・運用して利益をあげることを目的とする法人であり，年金基金，生命保険，投資信託などがその代表的なものとして挙げられる。このうち，近年アメリカで特にその株式保有率を高めているのが年金基金である。年金基金とは，労働者が給与の一部を積み立てて，それを資金として株式市場で運用し，その運用益により退職後の年金を賄おうとするものである。アメリカの年金基金で最も著名なものはカリフォルニア州公務員退職年金基金（**カルパース**）である。年金基金の株式所有は1950年代の法律改正により株式や債券への投資の規制が緩和されたことなどにより，増大した。また，近年では個人株主の多くが直接株式投資をするわけではなく，ミューチュアル・ファンド（投資信託）などを通じて投資をおこなうようになった。

＊注２　ウォール・ストリート・ルールとは投資の運用利回りを上げるため投資先企業の業績が悪化すれば，躊躇なく株式を売却し，より優良な企業の株式投資へ向かうという投資行動のことを意味する。

年金基金は労働者が資金を積み立てて老後の年金の保障をおこなおうとするものであり，アメリカの主要な株式会社の所有者が年金基金になったということは，間接的にアメリカの主要な株式会社が労働者のものとなったことを意味しており，こうした状況をP.ドラッカーは「**年金基金社会主義**」による「**見えざる革命**」と評している。

2）退出（Exit）から発言（Voice）へ

しかし，**1990年代に入ると，機関投資家は株式所有の比率を増大させすぎたため，従来のようにウォール・ストリート・ルールにのっとった投資行動をとることが困難**になってきた。すなわち，株式市場で株式売却をおこなおうとすれば，保有する株式数が大量なためその行動自体が株価の下落を招き，売却損をもたらすため売り抜けることが困難となったのである。

こうした状況のもとで機関投資家の投資先企業に対する行動は，たとえば，投資先企業の業績が悪化した場合，従来は株式を売却することによりその企業への関与から退出するという行動であったが，**1990年代以降は，株式を売却せずに，より積極的に企業経営に対して発言**していくという行動へと変化していった。こうした機関投資家の行動の変化はA.ハーシュマンによれば「**退出（Exit）」から「発言（Voice）」への行動の変化**と表現されている。

②　米国企業の株式所有構造の状況

ニューヨーク証券取引所上場企業の発行済株式数のうち，

- 個人株主の割合：約40%
- 機関投資家の割合：約45%

③　その特徴

米国企業の所有構造の一般的な特徴として，次の点が挙げられる。

- 個人株主の割合が日本と比べて大きい（近年減少傾向にある）。
- **機関投資家**の割合が増加傾向にある。特に年金基金，ミューチュアルファンド（投資信託）の割合が増加している。こうした傾向は，大企業や優良企業においてさらに顕著で，優良企業のなかには機関投資家の所有割合が60～80%を超える企業もある。
- 機関投資家は短期的な配当や株価値上がりによる利益を求めて，株式の売買を頻繁におこなう。配当や値上がり益を期待できるものは買い，期待できないものは売る。この行動原理は安定株主としてのそれではなく，浮動株主としてのそれであり，個人投資家と同様のものである。売却するのが困難な場合には，企業経営に対して積極的に発言する。

④　その影響

安定株主がほとんど存在しないという所有構造の影響として，次の点が挙げられる。

- 株主の利益を軽視した経営をおこなうと，株式を売却する株主が増加し，株価が下落してしまう。
- 株価が下落すれば敵対的なM&Aを受けやすくなり，株主利益を重視しない経営者は排除される可能性が高まる。
- 株式市場からの強い圧力を受ける経営者は**株主利益を重視**しなければならず，その結果，経営者支配は限定的なものとなる。
- このような所有構造は，一方で短期的な利益を優先する短期志向の経営につながり，長期的な企業競争力の低下というデメリットをもたらしている。

●しかし，近年では機関投資家の投資行動は変化し，長期的な利益も考慮するようになってきている。

〈日米企業の所有構造〉

	日　本（1990年代前半まで）	米　　国
主要株主	・法人株主が多数を占める。 ・法人株主のほとんどが安定株主として機能する。 ・株式の相互持合が一般化 ・安定株主の代表例 　メインバンク 　生命保険会社 　企業集団・企業系列	・機関投資家と個人が大部分を占める。 ・両者は安定株主として機能しない（浮動株主である）。
主要株主の行動	・めったなことでは所有する株式を売らない。 ・株主総会では通常，現経営陣を支援する。いわゆる「シャンシャン総会」の横行。	・より高い配当や値上がり益を求めて頻繁に持株を売買する。 ・株主総会でも，自己の利益を求めて積極的に発言する。
企業経営への影響	・株主の影響力は一般的に小さい。 ・長期的な観点からの経営が可能となる。 ・敵対的M&Aもなされにくい。 ・個人株主の利益が軽視されがちである。	・株主の影響力が非常に大きい。 ・短期的な視野に立った経営になりがちである。 ・敵対的M&Aを受けやすい。 ・株主の利益が重視されている。
資金調達法	・銀行借入など間接金融	・新株発行など直接金融

4．コーポレート・ガバナンス（企業統治）

（1）コーポレート・ガバナンスの意義

コーポレート・ガバナンスには明確な定義は存在しないが，一般的には，**「企業は誰のものであるか」「企業は誰のために運営されるべきか」**をテーマとして，具体的には企業と株主の関係のあり方，企業経営者の意思決定の監視の仕組み，企業の利害関係者（株主，債権者，従業員，経営者など）の利害調整をするための仕組み，株主利益を最大化させるための企業の監視体制等を論じるものである。

本テキストでは，とりあえずコーポレート・ガバナンスとは「**株主などの利**

害関係者の利害を調整し，経営者の行動を監督するための仕組み」と定義しておく。

コーポレート・ガバナンスは，近年，とくに日本では非常に脚光を浴びているテーマの1つである。なぜなら，法律的には企業経営者は株主の利益のために行動するべきであるにもかかわらず，株主の利益を軽視した企業経営をおこない，バブル経済の崩壊の過程において，企業の倒産や不祥事といった株主の利害を損ねるような行動をとることがよく見受けられたからである。

（2）企業は誰のものか

コーポレート・ガバナンスに関しては日米で大きな相違があるが，それは前述した日米企業の所有構造の相違に主たる原因がある。しかし，それ以前に，そもそもコーポレート・ガバナンスの問題の背景には「企業は誰のものであるか」という議論が存在している。

① シェアホルダーとステイクホルダー

コーポレート・ガバナンスの定義にこのような幅があるのは「企業は誰のものであるか」という問題に対する立場の違いから生じている。

「企業は誰のものか」という問いに対しての答えは大きく大別して「シェアホルダー」論と「ステイクホルダー」論とに分けられる。

シェアホルダーとは，単純に株主のことを意味するのに対して，ステイクホルダーとは株主だけでなく債権者，従業員，顧客，取引企業，地域社会などを含む利害関係者全般を意味する。

② シェアホルダー論

シェアホルダー論ではコーポレート・ガバナンスにおいて株主の立場が非常に重視される。米国企業においては機関投資家などの株主の影響力が強いこともあり，コーポレート・ガバナンスの議論はシェアホルダー論の立場からなされることが比較的多い。

さまざまなステイクホルダーのなかで株主が重視される根拠は以下のとおりである。

すなわち，授受金額が予め定まっている他の利害関係者（たとえば，債権者は企業業績に関係なく一定の利息と元本返済を受け取る）よりも株主のほうがはるかにリスクが高いと考えられるからである。株主は毎年度の利益の一部を配当などの形で受け取るが，その金額は非常に不安定で不確定な金額であるため株主は大きなリスクを負うのである。

また，株主が投資するのは，当然株主に対して分配可能な残余利益たるキャッシュフローの最大化を目的としているからであり，このキャッシュフローの最大化の目的は経営資源の有効利用を促進し，資源配分の効率化にも繋がると考えられている。すなわち，効率的で競争力の高い企業経営をおこなうという面からもシェアホルダー重視（株主支配論）は望ましいという性格をもつと考えられている。

③ ステイクホルダー論

ステイクホルダー論ではコーポレート・ガバナンスにおいて株主だけでなく，従業員や債権者，顧客，取引企業，地域社会といった幅広い利害関係者の利害調整といった側面に重点が置かれる。

日本では，従来，株主の影響力が弱く，終身雇用制の下で会社は従業員のものであるといった見解もあることから，コーポレート・ガバナンスの議論はステイクホルダー論の立場からなされることが比較的多い。

ステイクホルダー論の背景には，現代における株式会社（とくに大規模株式会社）は単なる株主の所有物であるという存在を超えて，社会的に大きな存在となっているという考え方がある。

〈参考〉企業の目的と社会的責任論

① 企業の目的

企業の目的とは，企業が達成しようとする企業全体としての目的や目標を意味し，それが何であるかについては大きく分けて「企業目的一元論」と「企業目的多元論」がある。

「**企業目的一元論**」の代表例はミクロ経済学における企業理論であり企業の目的は「利潤極大化」という単一目的にあると主張される。

その後，所有と経営の分離を前提として「長期利潤極大化説」や「売上高極大化説」などが主張された。

「**企業目的多元論**」は，企業は収益性や成長性などの経済的な目的と非経済的な目的を多元的に追求するとみる考え方である。

②　企業の社会的責任論

ミクロ経済学によれば企業は利潤極大化を目的とするが，現実の企業は社会性をもち，単に株主のためだけに存在すると考えることはできないという考え方から企業の社会的責任論は展開されている。

欧米ではある時期，経営者の役割は株主だけでなく利害関係者の調整にあるといった議論もなされたが，**フリードマン**（M.Friedman）などは経営者はあくまで株主の代理人であって，法律や社会規範の遵守を前提としてあくまで株主のために事業活動を行うことが唯一の社会的責任であるといった反論もなされた。

一方，日本では1960年代の公害問題を契機として企業の社会的責任の問題が取り上げられるようになった。その後，1970年代に企業の社会的責任に関する議論はあまりおこなわれなくなったが，1980年代後半から企業の社会貢献活動に関する関心が高まり，また，1990年代後半以降頻発した企業の不祥事が企業の倫理的問題などへの関心を再び高めている。

〈参考〉企業の社会貢献活動

企業は様々な社会貢献活動をおこなっているがそれに関係した用語をいくつか挙げておく。

①　**フィランソロピー活動**…企業の社会貢献活動や慈善活動を意味する。

②　**企業メセナ**…企業の社会貢献活動のうちとくに文化事業等への支援活動を意味する。

③　**ISO14000**…ISO14000は企業などの組織の環境負荷の低減活動を評価する基準を定めた国際規格である。スイスのISO（国際標準化機構）が定めている。なお，その他に品質管理の国際規格として

ISO9000がある。

こうした社会貢献活動は，一方で企業の利益追求とは無関連な純粋な社会的な活動とみる立場もあるが，他方で，こうした活動は結局は企業価値を高め利益追求に結びつく活動であるとみる立場もある。

④ **コーポレート・シチズン**…コーポレート・シチズンとは直訳すれば，「企業市民」のことである。企業はそもそも利益追求を目的としているが，近年，特に大企業においては，利益追求だけでなく，地域社会におけるよき市民として相当の貢献をすべきだという考え方がいわれるようになってきている。具体的な活動としては前述したフィランソロピー活動や企業メセナや地域におけるボランティア活動などがあげられる。

〈参考〉社会的責任投資（SRI；Socially Responsible Investment）

社会的責任投資とは，利益率などの財務会計上の観点だけでなく，企業が環境に配慮した経営をしているかなどの企業の社会性をも考慮しておこなわれる投資のことを意味する。近年，個人や機関投資家の投資活動における社会的責任投資の割合は増大しており，企業の行動に与える影響も増大している。欧米では社会的責任投資の対象となる企業を選別評価する機関も存在する。

〈参考〉エージェンシー理論

エージェンシー理論とは企業財務論やコーポレート・ガバナンス論などに応用される方法論の１つである。

エージェンシー関係とは１人以上のプリンシパル（依頼人）がエージェント（代理人）との間で交わす代理契約であり，コーポレート・ガバナンスにおいてはプリンシパルである株主が企業経営に関する代理契約（企業経営に関する意思決定の権限の委譲など）をエージェントである経営者との間で交わすと考えられる。この場合，株主は経営者に代理契約の遂行にあたって最大限の成果（株主利益の最大化）を期待するが，両者の間の情報の非対称性や経営者が株主ではなく経営者自身の利益を最大化する可能性の存在などによって，両者に利害の対立が生じることがある。こうした利害対立の問題を**エージェンシー問題**といい，この問題解決から発生するコストを**エージェンシー・コスト**という。所有と経営の分離は典型的なエージェンシー関係である。

エージェンシー関係から生じるエージェンシー問題の代表的なものに**モラル・ハザード**がある。エージェンシー関係では情報の非対称性によって，契約締結後の行為者の行動が効率的かどうか，他方の当事者からは観察することが難しいため，行為者が他方の当事者の負担において自己の利益を追求する行動をとることをいう。モラル・ハザードはもともとは保険業の用語であり，たとえば，火災保険の契約者が火災保険に加入したことにより，逆に火災を起こさないようにしようとする注意を怠ってしまうことを意味する。

（3）日本企業のコーポレート・ガバナンス

① 1990年代前半までのコーポレート・ガバナンスの状況

1）株主総会の形骸化

日本では，前述した株式所有構造の影響もあり，株式の相互持合に基づく相互信任・相互不干渉という状況があり，一般的にいって**株主総会は形骸化**しており，株主総会による経営のチェック機能は働いていなかった。日本の企業では経営者側の提案は多くの場合，議論もなく承認されることが一般的であった。こうした株主総会は俗に「**シャンシャン総会**」等といわれていた。

2）社内取締役（社内重役などともいう）

アメリカ企業では約70％が社外取締役であり，ほとんどの企業において社外取締役が取締役会構成員の過半数を占めている。

それに対して，**日本では従来，取締役会構成の大半が社内取締役であり，社外取締役は非常に少なかった**。1990年の日本の上場企業では社外取締役の割合は約25％にすぎなかった。日本の場合は，終身雇用制の下で，取締役は従業員の出世の最終段階と考えられているため社外取締役の増加には抵抗が強かったことが理由として挙げられる。

社内取締役は取締役として株主からの受託責任を負うとともに経営執行責任を負っている。たとえば,「取締役販売本部長」という肩書きは一方で株主からの委託を受け経営を監視する取締役としての役割と,社内の業務において販売の責任者であるという役割の2つを表している。

社内取締役の長所としては,経営執行責任を有しているため会社の内部に精通している点が挙げられる。しかし,短所としては,株主総会の形骸化もあって法律的には株主総会で選出される取締役は,実質的には社長によって選任され,かつ,経営執行の側面では社長の部下であり,**社長に対して反対の立場をとることが実質的に困難**である,という点にある。

3)取締役会の形骸化

日本では取締役会の開催は月に1回程度であるため,現実の企業の業務方針の決定には機動性にかけるため,実際の業務方針の決定は取締役会ではなく**常務会**でおこなわれることが多かった。常務会は通常,社長,副社長,常務取締役らによって週に数回という頻度で開かれている。したがって**日本では株主総会とともに取締役会も形骸化していた。**

4)監査役(会)の形骸化

もう1つの経営監視のための機関である**監査役**も日本では**形骸化**していた。本来監査役は株主総会で選任されるが,株主総会が形骸化しているため,現実の日本企業では,監査役は社長が選出している。一般的には取締役になれなかった人のための閑職としての位置付けが強かった。数回の商法(会社法)改正によって監査役の権限強化などが図られたが,実質的には監査役は形骸化し経営に対するチェック機能は果たされていないことが多かった。

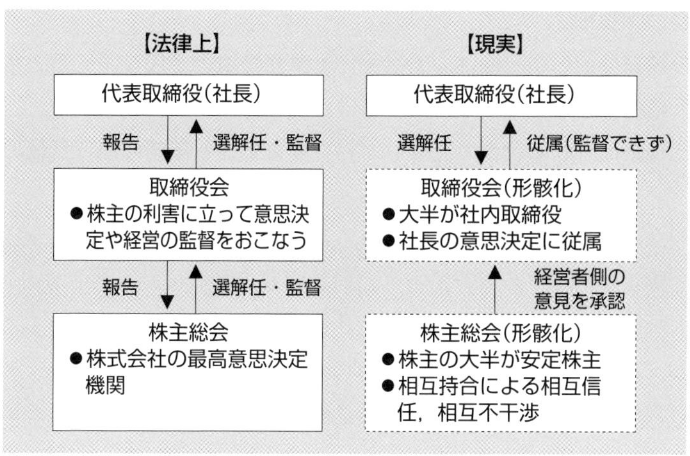

［日本企業のコーポレート・ガバナンス］

5）メインバンクの役割

日本企業では経営者に対する監視機能は株主総会や取締役会ではなくメインバンクが果たしてきたといわれている。メインバンクは長期的な資金の貸付を通じて企業経営の健全性をチェックする役割（**モニター機能**）を果たしてきた。同時にメインバンクは企業が経営危機に陥った場合に救済の主導権を担う機能（**ラストリゾート機能**）を果たしてきた。

②　1990年代後半以降のコーポレート・ガバナンスの改革

しかし，バブル経済の崩壊以降，日本企業では企業の倒産や不祥事が頻発し，コーポレート・ガバナンスの問題が厳しく問われるようになった。日本企業の資金調達方法が間接金融から直接金融に移行するなどの理由によってメインバンクの企業に対する経営の監視機能が衰える一方で，外国人株主が増加し，コーポレート・ガバナンスの面でもグローバル・スタンダードに対応することが必要となってきた。こうした状況のもとで日本企業は様々な改革の取り組みに着手している。また，法制度面でもコーポレート・ガバナンスに有益な改正がおこなわれている。

1）執行役員制の導入

従来の取締役会の問題点は，監督責任と業務の執行責任を同一の人格が担っており人格的に分離していなかったという点にあった。

執行役員制は，取締役会の見直しとして**監督責任と業務の執行責任の分離**という点から導入されるようになった。すなわち，社外取締役をより多く登用し，取締役は経営の監督責任を中心に，執行役員は経営の執行責任を負う存在として分離しようとする試みである。執行役員の最高位にあたるものはCEO（Chief Executive Officer；最高経営責任者）とよばれている。またCOO（Chief Operating Officer；最高執行責任者）という役職もある。しかし，日本では執行役員の位置づけは法律的にはその権利や義務に不確定なところも多い。

2）社外取締役の導入

経営者に対する監視機能の強化という観点から社外取締役を増加させる企業が増えてきている。社外取締役は，社内の事情に精通することが難しいという短所はあるが，社内取締役と異なり，社長と上司－部下の関係にないため，経営に対する監督機能をより果たすことができると期待されている。

3）株主重視の経営への転換

日本では，従来株主軽視の経営が一般的であったが，株主利益の重視への転換を図る企業が増加している。

具体的には，

●配当政策の見直し

従来の低配当政策を見直し，より高配当をおこなう。

● IR（Investor Relations）活動への積極的な取り組み

IR活動（投資家向けの広報活動）を積極的におこない，利害関係者への説明責任を果たす。

●**自社株買い**の実施

商法（会社法）では従来自己株式の取得は原則禁止されていたが，商法（会社法）改正により自己株式の取得は現在では認められている。自己株式を取得し消却をおこなうと発行済株式数が減少するため1株あたりの資産価値が増大し，株主の利益となる。

4）コンプライアンスへの取り組み

コンプライアンスとは法令遵守のことを意味している。日本企業では法令違反を含む企業不祥事も多発したため，近年ではコーポレート・ガバナンスと並んでコンプライアンスの強化をおこなう企業が増加している。

具体的には法令遵守の基準や企業倫理の規定を定めたり，その監視部門の設置，従業員への教育がおこなわれている。

5）株主代表訴訟制度の拡充

株主代表訴訟制度とは，取締役や監査役が株主に対して不利益な行動をとった場合に，株主が取締役や監査役を訴えることができる制度をいう。従来の株主代表訴訟制度では訴訟費用が高額になるため現実に訴訟を起こすことが困難であったが，1993年の法改正により訴訟手数料が8,200円（現在は13,000円）に引き下げられ，より訴訟を起こしやすくなった。

〈参考〉ストック・オプション制と従業員持株会の導入

近年，日本企業は株式所有構造に関してもさまざまな試みをおこなっているがその一つにストック・オプション制と従業員持株会がある。

① **ストック・オプション制**

ストック・オプションとは一定期間内に一定の自社株式を一定の価格で買い取ることのできる権利であり，1997年の商法改正で認められた。

ストック・オプションを経営者や従業員に付与することにより株価の上昇が経営者や従業員の利益となるため，企業の業績向上や株価の上昇に対する経営者や従業員の意欲を高めることができる効果がある。

② **従業員持株会**

従業員持株会は，従業員に自社の株式を廉価で譲渡し，従業員が自社の株式を所有し株主となることを意味する。従業員持株会は企業にとって安定株主工作の一環であると同時に，従業員が株価の上昇に対する意欲を高めることができる効果がある。

〈参考〉指名委員会等設置会社（従来の委員会設置会社）

① 趣旨

近年，会社不祥事の増大により，株式会社において監督機能が十分に機能していないことが明らかとなった。そこで，商法（会社法）では指名委員会等設置会社制度を創設し，業務執行者に対する監督機能の大幅な強化，業務執行者に対する業務決定権限の大幅な委譲を可能にした。

② 要件

取締役会と会計監査人を置く会社は，定款に定めることにより，指名委員会等設置会社となることを選択することができる。

③ 構成

指名委員会等設置会社では執行役と指名委員会，監査委員会，報酬委員会という3つの委員会のすべてが設置される。

執行役…選解任は，取締役会決議によって決定され，執行役のなかから会社を代表する代表執行役が選任される。

各委員会…取締役会決議によって決定された各取締役3人以上によって構成され，また，各委員会の委員の過半数は社外取締役により構成されなければならない。

④ 特徴

- 取締役は業務執行の決定と監督のみをおこない，業務執行をおこなうことはできず，業務執行は執行役がおこなう。
- 従来，取締役会が業務執行者に委譲できなかった業務執行についての決定権限を広く執行役に委譲できるようになった。

⑤ 権限

- 執行役…取締役会の決議によって委任を受けた会社の業務執行の決定およびその執行をなす権限を有する。
- 指名委員会…株主総会に提出する取締役の選解任に関する議案の内容を決定することができる権限を有する。
- 監査委員会…執行役等の職務執行の監査，株主総会に提出する会計監査人の選解任に関する議案の内容を決定することができる権限を有する。
●報酬委員会…執行役等が受ける個人別の報酬の内容を決定する権限を有する。

(4) 米国企業のコーポレート・ガバナンス

前述したように，米国企業では機関投資家などの株主の影響力が強いことから，**株主利益重視の経営**がおこなわれていること，社外取締役が多く経営の監督責任を負う取締役と執行責任を負う執行役員を人格的に分離させていることが大きな特徴である。

株主の取締役会を通じた経営陣の監督が十分に機能しているため，経営陣は一般的に株主の利益を重視した経営を行う。株主の利益を損ねるような行動をとった経営陣や，業績向上ができない経営陣は即刻変更させることが可能となっている。

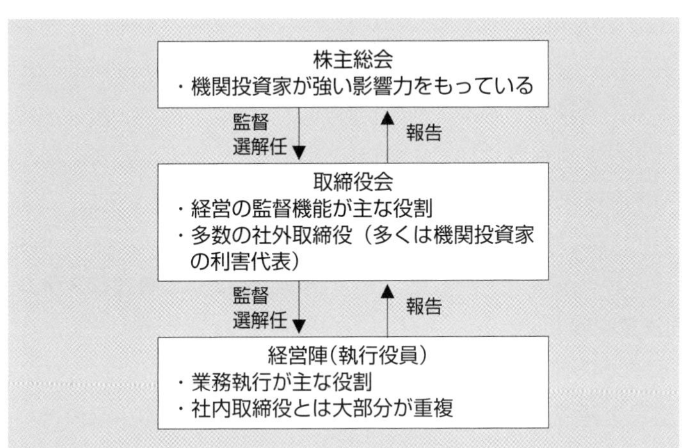

[米国企業のコーポレート・ガバナンス]

〈日米企業のコーポレート・ガバナンスの状況のまとめ〉

	日本企業(1990年代前半まで)	米国企業
理論的背景	ステイクホルダー論	シェアホルダー論
株主利益	軽視	重視
コーポレート·ガバナンスの主体	メインバンク	機関投資家などの株主
株主総会，取締役会，監査役	形骸化	一定の機能を果たす
取締役	社内取締役多い	社外取締役多い
経営の監督機能と業務執行機能	組織的·人格的に未分離（取締役）	組織的·人格的に分離（取締役と執行役員）

〈参考〉ドイツにおけるコーポレート・ガバナンス

ドイツにおけるコーポレート・ガバナンスは日本，アメリカと全く異なる独特な制度である。

① ドイツにおける株式所有構造

ドイツではユニバーサル・バンクとよばれる銀行が非常に強い影響力をもっている。ドイツの銀行は一般企業の株式を所有することができ，企業の債権者であると同時に株主でもある。また，銀行は株式を銀行に預託する顧客の株式の議決権を代理行使することができ，株主としても多大な影響力を企業に対して有している。

② ドイツにおけるコーポレート・ガバナンス

ドイツのコーポレート・ガバナンスの特徴は「**二層式システム**」と「**共同決定制度**」である。

ドイツでは日米とは違い株主総会では監査役会の役員が選任され，監査役会が経営執行をおこなう執行役（翻訳によっては取締役）を選任するという体制になっている。ドイツでは監督機関としての監査役会と執行機関としての執行役会という二元的な構成となっており，両者は組織としても人的にも完全に分離しており，監査役会と執行役会のメンバーを兼務することは認められていない。したがって，このドイツのシステムは「**二層式システム**」とよばれている。

また，監査役会は「**共同決定制度**」に基づき労働者が選出した監査役と株主が選出した監査役が半数ずつで構成されている。

注意が必要なのはドイツでは監査役会が経営の監督機関として機能しており，執行役会（取締役会）が経営の業務執行機関として機能しており，日米とは監査役や取締役の意味が異なる点である。

ドイツでは近年影響力は低下傾向にあるとはいえ，大手銀行は多数の監査役を企業に送り込んで影響力を行使している。

ポイント整理

1 企業形態論

株式会社の特徴…間接有限責任，譲渡自由の原則，証券の流通性
↓
現代企業の中心

2 所有と経営の分離

- 企業の大規模化が，株式の分散，経営の複雑化を通じて株主の支配力低下を導き，所有と経営の分離（経営者支配）の状態に至った。
- バーリ＝ミーンズの研究…1930 年代の米国の非金融大企業上位 200 社のうち約 44％が「経営者支配」

3 現代企業の所有構造

	日　本（1990年代前半まで）	米　　国
主要株主	法人株主による株式相互持合	機関投資家と個人
株主の行動	安定株主	浮動株主（⇒頻繁な発言と売買）
資金調達	間接金融	直接金融

↓
1990 年代後半以降…株式相互持合の解消，外国人株主の増大

4 コーポレート・ガバナンス

- コーポレート・ガバナンスの状況

	日　本（1990年代前半まで）	米　　国
株主利益	軽視	重視
資金調達	間接金融	直接金融
コーポレート・ガバナンスの主体	メインバンク	機関投資家などの株主
株主総会，取締役会，監査役	形骸化	一定の機能を果たす
取締役	社内取締役多い	社外取締役多い

●日本企業のコーポレート・ガバナンスの改革

執行役員制の導入／社外取締役の導入／

株主重視の経営への転換…配当政策，IR 活動，自社株買い等／

コンプライアンスへの取り組み／株主代表訴訟制度の拡充

Exercise

問題　現代企業に関する次の記述のうち，妥当なものはどれか。

1 日本企業においては，上場企業の発行済株式総数のうちの約半数を所有する個人投資家が，自己の利益確保のために配当の増額などを経営者に強く求めるという傾向がある。

2 米国企業においては，近年ますます持株比率を増加させている機関投資家が安定株主として機能し，その結果，敵対的な M&A が米国ではほとんどみられない。

3 日本企業においては，戦後まもなくは銀行借入れなどの間接金融が資金調達方法の中心であったが，昭和 30 年代以降，新株発行増資などの直接金融にその地位を取って代わられるようになった。

4 米国企業においては，個人投資家の持株比率は上場企業の発行済株式総数の全体の約 20%程度であり，企業経営に対する影響力も強くはない。それゆえ，企業経営者が個人株主の利益を考慮しない経営をおこなうことが多い。

5 日本企業においては，全般的に株主からの経営者に対する牽制力が弱く，経営者の独裁が生み出される危険が高いといえる。

解説

1 誤。日本では，個人投資家の持株比率は全体の約 20%にすぎず，彼らは一般に「もの言わぬ株主」であり，その企業経営への影響力も強くない。

2 誤。米国の機関投資家は安定株主として機能することはないと考えるべきである。また，敵対的 M&A の件数も日本に比べて多いのが現実である。

3 誤。1970 年代以降，増資などの直接金融が増加してきてはいるが，昭和 30 年代頃は銀行からの借入れが企業にとって重要な資金調達方法であった。

4 誤。これは日本についてのことで，米国のことではない。

5 妥当な記述である。「もの言わぬ株主」と安定株主に守られて，経営トップが独裁的な権力を握る場合が日本企業にはよくみられる。バブルの時代に多発した企業の不祥事は，独裁的経営者に対するチェック機能が働かなかったことも 1 つの理由と考えられるのである。

解答　5

第2章

経営管理論（経営管理学説）

経営管理論は，企業経営，企業活動を考えるうえで，決して避けて通れぬ領域です。したがって出題頻度も高く，誰が何を考え，何を実行し，その結果がどうであり，それが何に繋がるのか，体系的な理解を必要とします。

1 伝統的管理論と人間関係論

企業という組織を考えるうえで重要となる事柄が，企業の管理であり，そのために必要なことがそこに働く人々――労働者に対する配慮でもあります。この節では，これまでの企業管理の基本的な学説を網羅していますが，出題頻度の高い重要な個所です。

1．伝統的管理論

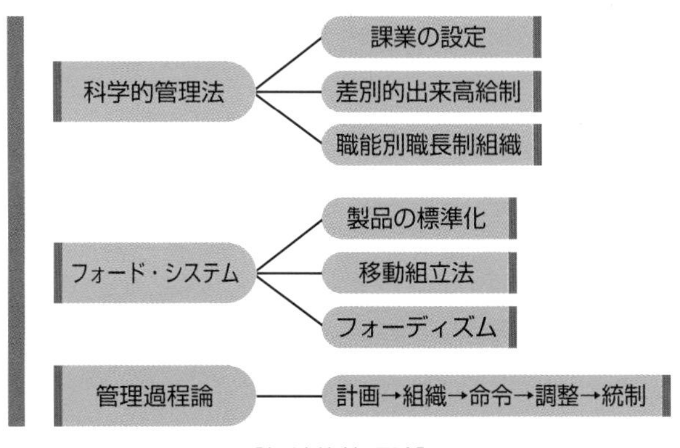

[伝統的管理論]

（1）テーラー（F. W. Taylor）の科学的管理法による合理化

テーラー[1]の**科学的管理法**は，19 世紀末の産業化の急速な進展のもと，企業規模の拡大と組織の複雑化のなかから生まれてきた**初めての体系的管理論**である。

科学的管理法の登場以前の管理は「**成り行き管理**」とよばれ，経営者の経験・カンに頼ったものであり，多数の労働者をうまく管理するための体系化された仕組みは存在していなかった。それどころか，資本家側の恣意的なレイト・カッティング（賃率切下げ）が横行するとともに，それに抵抗する形での労働者側の組織的怠業が頻繁に生じていた。この状況を打開すべく，テーラーは合理的な管理の仕組みの確立に力を注いだのである。基本的にテーラーは，

1）もしくはテイラーと読む。

作業の方法や手順の決定を労働者まかせにしている限り，能率は向上しないと考え，「計画と執行の分離」をおこなおうとした。

①　課業の設定

課業とは，労働者が1日に達成すべき仕事の標準量を意味する。テーラーはまず「**時間研究・動作研究**」を実施した。時間研究・動作研究とは，一流の熟練労働者の作業をいくつかの作業要素に分解し，それぞれの要素について最も効率的な動作・手順を求めるとともに，それに要する時間を測定し，それらを合計することで一定の作業を効率的におこなう方法と時間を割り出す，というものである。この時間・動作研究に基づいて，科学的に達成可能な目標としての課業を設定したのである。

この課業の科学的な設定の過程において，**作業の細分化・単純化と作業方法の標準化・客観化**が進み，誰でも努力しさえすれば熟練労働者と同等の仕事量をこなせるようになったのである。

②　差別的出来高給制

差別的出来高給制とは，**課業を達成した者には高い賃率を，達成できなかった者には低い賃率をそれぞれ適用するという制度**である。課業をこなせない者は未熟練か怠慢かのいずれかであり，低い賃金率が妥当である。一方，課業を達成した者は熟練ないし努力家であるから，高い賃金率で報いるべきである。このような考え方に基づくこの制度は，金銭的な刺激によって能率向上意欲を刺激しようとする狙いをもったシステムといえる。

③　職能別職長制組織

職能別職長制組織とは，複数の管理者（職長）を置いてそれぞれを狭い範囲の仕事に特化させ，**工場における管理活動を合理化**しようとした組織である。具体的には，職長の業務を順序・手順係，指図票係などの4つの計画職能と，現場作業に関連する準備係，速度係などの4つの計8つに分けた。この結果，**各職長はその担当業務に関する仕事のみを果たせばよいことになり**，その負担が軽くなったのである。

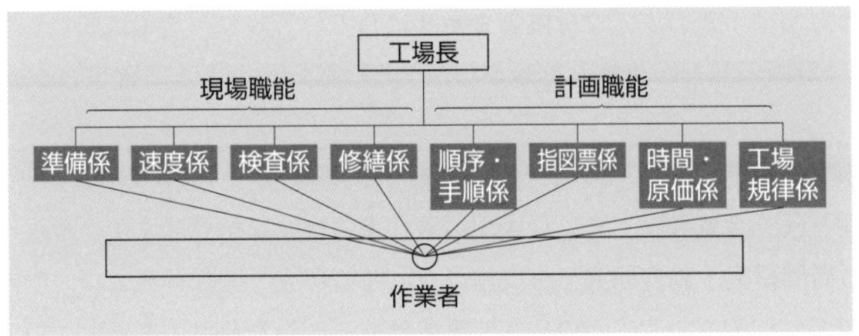

[テーラーの職能別職長制組織]

(2) フォード・システム

ヘンリー・フォード (H. Ford) が1903年に設立したフォード自動車会社で採用した生産の仕組みを**フォード・システム**とよぶ。合理性を徹底して追求したこのシステムの根幹となっているのは，標準化と移動組立法（ベルトコンベヤー・システム）およびフォーディズムである。

① 製品の標準化

フォードはフォード社で扱う製品を，T型フォードという1車種に限定し，その色も黒一色にして，**大量生産**をおこないやすくした。また，同じ製品を大量生産するためには，部品も**標準化**して大量に生産する必要があった。そのため，同じ部品を寸分の狂いもなく作るための専門機械の開発が促されることになった。

② 移動組立法（ベルトコンベヤー・システム）

移動組立法とは，作業順に作業者を配置し，その前を**ベルトコンベヤー**に載せた材料を通過させて，各作業者に固定した場所で同じ作業を反復しておこなわせる生産システムである。生産手段・場所の専門化という現代では当たり前のこの方式は，フォードによって開発された当時としては画期的な生産システムであった。この方式により，**作業者が作業場所を移動するために要していた時間が節約され，かつ1つの作業についての熟練も進むため，生産効率の飛躍的な向上が達成された。**

③　フォーディズム

フォーディズムとは，「**高品質の製品を低価格で供給し，高能率の労働者には高賃金で応える**」というフォード独特の経営理念である。フォードは，経営の目的は大衆への奉仕であり，利潤追求は目的ではなく大衆への優れた奉仕の結果にすぎないと主張したのである。現実に，製品標準化と移動組立法とに支えられて，低価格（他社の約3分の1）と高賃金（他社の2倍）という一見矛盾する仕組みを実現したのである。

（3）ファヨール（H. Fayol）の管理過程論

テーラーと同じころフランスでは，ファヨール[2)]が**管理**活動の重要性を説いていた（主著『産業ならびに一般の管理』1917年）。ただし，テーラーが工場現場における職長レベルの管理問題を主に取り上げていたのに対し，ファヨールは**上層管理者の管理活動に焦点**を合わせて言及している。この点が彼らの議論の特徴的な相違点である。この相違は，テーラーが技術者であったのに対し，ファヨールは炭鉱会社の経営者であったことによると考えられる。

ファヨールは，企業経営には，技術（生産・製造・加工），営業（購買・販売・交換），財務（資本調達・運用），保全（人事・設備維持），会計（財務諸表作成・各種計算），管理（計画・組織・命令・調整・統制）の6つの活動が必要不可欠であるとした。そして，初めの5つについては十分認識されているが，管理職能の重要性はいまだ認識されていないことを主張し，その重要性を喚起した。

①　**計画**…将来を予測し，なすべき活動の内容をあらかじめ予定する。
②　**組織**…計画を実行するための資金や人員を集め，部門化し，配置する。
③　**命令**…計画に基づいてなすべきことを指示する。
④　**調整**…分業しておこなわれている活動を整合させる。
⑤　**統制**…活動の結果を評価し分析する。

このように，管理機能を5つの下位職能から構成されるものとした考えは，のちに「管理職能は，この①から⑤の順序で実施されていく循環過程である」と主張する**管理過程学派**の基礎となった。

2）もしくはフェイヨールと読む。

ファヨールは自らの経営者としての経験から，①から⑤の管理活動の円滑な遂行のための管理の原理・原則を提唱した。分業により職務の専門化を進めること，権限と責任を対応させること，命令系統を一元化すること，などである。その他，彼の挙げた項目は合計 14 にも及ぶが，経験則の羅列にとどまり，理論的な厳密さを欠いているとの指摘もある。また，ファヨールはこれらの理論原則は変動するものだとみなしており，絶対的なものではないと考えていることにも注意を要する。

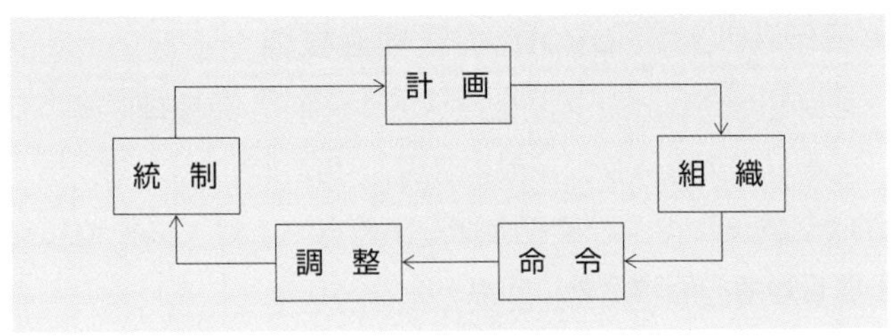

[管理の過程]

〈参考〉管理過程学派

1950 ～ 60 年代，アメリカにおいて，クンツ（H. Koontz），ニューマン（H. Newman），オドンネル（C. O'Donnell）らを中心とする，経営者の役割をファヨールの主張する「計画，組織，命令，調整，統制」が繰り返しおこなわれる経営サイクルとみなす学派のことである。

〈参考〉ファヨールの渡り板（架け橋）

経営管理における階層化の原則によれば，下位の部門間で問題が発生した場合，共通の上位者の決裁を受けなければならないが，経営組織が大規模化すると階層数が増加するため，決裁に時間がかかるといった欠点が生じる。ファヨールはこの欠点を克服するために「**渡り板**」を主張した。「渡り板」とは，異なるラインに属する組織構成員に上位者を通さず直接協議して問題を解決する権限を付与することを意味し，ヨコのつながりを意味している。問題が直接的な協議によって解決しなかった場合のみ共通の上位者の決裁を仰ぐこととなる。この渡り板によって迅速な問題解決が図られる。

2．人間関係論

（1）人間関係論誕生の背景

大量生産による低価格化→大量販売可能→高賃金→大衆の購買力向上→大量消費可能という仕組みが，伝統的管理論，特にフォード・システムによって作られた。いわば，大量生産・大量消費という20世紀経済の基本的枠組みの基礎が確立されたのである。

しかし，一方でこの仕組みは，労働の細分化・単調化をもたらした。特にベルトコンベヤー・システムは，その強制的な進行性ゆえに労働者の時間的な自由を奪い，**人間性の疎外**という深刻な問題を引き起こした。こうした問題に対するアンチテーゼとして，人間関係論が生まれてきたのである。

（2）ホーソン工場の実験とその失敗からの教訓

人間関係論は，レスリスバーガー（F. J. Roethlisberger）やメイヨー（G. E. Mayo）らによって展開された。その契機となったのが，彼らを中心とするハーバード大学ビジネス・スクールの研究者たちによってなされたシカゴのウエスタン・エレクトリック社の**ホーソン工場における実験**である。

この実験は，特定の小グループを対象にして，照明の明るさ，休憩時間，賃金制度などの作業条件を変化させて，作業能率の変化を観察しようとするものであった。実験の結果，作業条件と作業能率との間に単純な対応関係は見いだせなかった。**実験を続ければ続けるほど作業能率が向上**していったからである。研究者たちはその原因を，実験のため強圧的な監督者から解放されて作業の仕方の自由度が増したことや，作業場の雰囲気がよくなったことから得られる満足感に求められるのではないかと推論した。

さらに，面接調査などの実験を進めたうえで彼らが出した結論は，次のようなものであった。

① 集団内には自然発生的に非公式な組織（**インフォーマル組織**）が形成される。

② インフォーマル組織内には，人間としての感情を優先するという「感情の論理」に貫かれた固有の価値規範が存在する。そして，インフォーマル

組織内の仲間意識や価値規範が作業能率に大きく影響する。

③　このように，感情や職場内の人間関係が能率を左右することから，管理者には部下の行動をその感情面から洞察できる能力が必要になる。管理者が部下との人間関係に対する優れた能力を有していれば，職場の士気が高まり，作業能率を向上できるのである。

（3）具体的施策

このような議論に基づいて人間関係論が提示した施策は，いずれも仲間意識を高めたり，組織内の円滑なコミュニケーションを維持するためのものである。具体的には，

・職場提案制度
・職場懇談会
・監督者教育
・人事相談（カウンセリング）制度

などがある。

〈参考〉ホーソン工場実験の概要

ホーソン工場実験は1924年から1932年にかけて，ウエスタン・エレクトリック社のホーソン工場でおこなわれた実験である。実験の開始は1924年であるが，本格的にはメイヨーを中心とするハーバード大学の研究者が参加した1927年から始まった。ホーソン工場実験は次のような一連の実験で構成されている。

①　照明実験（1924～27年）

全国学術審議会の協力でおこなわれた実験で，作業条件である照明度と作業能率との間の関係を調査した。照明度と作業能率との間に一義的な関係を見出すことはできなかったが，作業能率に作業条件以外の未知の要因が関係していることを示唆した。

②　継電器組立実験（1927～32年）

この実験以降はハーバード大学の研究者が中心となっておこなわれた。休憩時間，作業時間，賃金形態等の作業条件と作業能率との間の

関係を全13期間にわたって調査したが，実験期間中，作業能率は継続的に上昇を続けた。この実験は，研究者に従業員の心的態度やモラルが作業能率に影響を与えている可能性を示唆した。

③　面接計画（1928～30年）

②の継電器組立実験と並行して進められ，従業員の意見を面接調査により把握しようとする試みであった。当初は指示型面接（質疑・応答形式の面接法）が採られたが，この手法では真の意見を聞けないことから非指示型面接（各人の話したいことを自由に話してもらう面接法）に切り替えられた。合計約2万人の従業員の面接がおこなわれた。

④　バンク配線室観察（1931～32年）

③の面接計画で示唆された職場の社会集団や人間関係の影響を把握するためにおこなわれた観察で3職種からなる14人の作業者を対象におこなわれ，インフォーマル組織の発見，インフォーマル組織の中に集団の規範が存在し，従業員はその規範に従っていることが認められた。

ポイント整理

1　伝統的管理論

(1) テーラーの科学的管理法

「体系的な管理の仕組み存在せず→レイト・カッティング→組織的怠業→生産性低下」の悪循環

↓　そこで

管理の合理化・客観化の実施

① 時間・動作研究に基づく課業の設定

② 課業の達成状況に応じた差別的な賃金支払制度（差別的出来高給制）

③ 管理職能の分業化による管理活動の合理化（職能別職長制組織）

(2) フォード・システム

管理の合理化を徹底することにより，フォーディズム（高品質・低価格・高賃金）の実現をめざす。

① 標準化

製品標準化 ← 部品の標準化
(形態，色)　　専用機械の開発
↓
原価削減，品質確保

② 移動組立法（ベルトコンベヤー・システム）

固定位置での作業の反復
↓
移動時間の節約と熟練による作業能率の向上

(3) ファヨールの管理過程論

- 管理活動も企業経営における 1 つの独立かつ重要な職能
- 管理活動の良否が業績を左右
- 管理活動の内容：計画→組織→命令→調整→統制という 5 つの要素の循環過程
- 管理原則の提唱：専門化の原則，命令一元化の原則など

(4) 伝統的管理論の特徴

- 合理性の徹底した追求をめざしている。合理化は追求すべきであり，求めれば完全な合理性が実現されるという前提に立っている。
- 今世紀初頭までは，多くの人々が最低限の生活を営むのに苦しんでおり，動機づけとして金銭的刺激が最も有効であると考えられていた時代であった。

(5) 伝統的管理論の問題点

- 労働作業の細分化による単調化
- ベルトコンベヤー・システムにみられる人間の機械化，あるいはその時間的強制性ゆえの人間疎外
- こういった問題点を起因とした生産性の低下，労働者の離職，欠勤

2　人間関係論

（1）ホーソン工場の実験

- 人間関係論提唱の契機となった実験
- 作業能率に影響を与える要因調査が本来の実験の目的だったが，要因に関係なく，実験の間，作業能率は上昇しつづけた。（なぜか？）

（2）人間関係論の主張の要約

- インフォーマル組織を尊重した管理をすべきである。
- 職場懇談会や提案制度などで職場の人間関係を改善すべきである。
- 監督者教育によって，部下との人間関係をうまく扱えるだけの能力を監督者に身につけさせるべきである。

（3）伝統的管理論との対比

伝統的管理論における完全合理的な人間観（経済人仮説）から，人間は情緒的で没論理的な行動をし（社会人仮説），各個人は相互に影響を及ぼし合い，集団の規範に基づいて行動するという人間観，集団観に修正された。

Exercise

問題① 経営学説に関する次の記述のうち，妥当なものはどれか。

1 E・メイヨーは「大衆には高品質・低価格の車を，労働者には高賃金を」という自らの経営理念を実現すべく，工場内にベルトコンベヤー方式を導入した。

2 H・ファヨールは，行き当たりばったりの管理ではなく，理論的基盤に基づいた管理の必要性をその著書『産業ならびに一般の管理』で説き，現代において「近代管理論の真の父」とよばれている。

3 H・フォードは，経営者としての経験から，職場内の人間関係が作業能率に影響を与えることを発見し，いわゆる「人間関係論」を唱えた。

4 F・W・テーラーは組織的怠業の原因を労働者の側にあると考えて，これの解決のためには課業管理の徹底化が必要であると主張した。

5 F・J・レスリスバーガーは，「ホーソン工場の実験」を通して，作業能率に影響を与える要因は，賃金制度，休憩時間と作業時間の間隔，照明の明るさの度合い，などといったものであることを発見した。

解説

1 誤。これはフォードに関する記述である。

2 妥当な記述である。

3 誤。フォードは，人間関係論の論者ではない。

4 誤。次の問題②の**1**にもあるように，テーラーは組織的怠業の原因は，資本家側にあると考えていた。

5 誤。問題文中に挙げた要因は，「ホーソン実験」では作業能率との対応関係が見いだせなかったものばかりである。

解答 2

問題② 経営学説に関する次の記述のうち，妥当なものはどれか。

1 F・W・テーラーは，従来の「成り行き管理」のもとでの組織的怠業の原因は客観的業績評価の基準の欠如に起因する経営者の恣意的なレイト・カッティング（賃率切下げ）にあると考え，これを克服するために，科学的な課業の設定に基づいた差別的出来高給制を導入し，「科学的な管理」を実施した。

2 H・ファヨールは，科学を基礎とした労使協調の必要性を説き，その実現のため，機能の分析に基づく機能主義，能力啓発をめざす実践主義，専門家による多元的指揮命令の組織を提案した。

3 A・マズローは，「ホーソン実験」により，科学的管理が前提としている経済人仮説を批判し，各人の個人的来歴と人間関係によって規定される心情に基づいて，非合理的に行動する社会人こそが実態であると説いた。

4 C・I・バーナードは，管理職能の重要性を説き，また管理活動の内容の分析をして，それが計画，組織，命令，調整，統制の5つの要素の循環的な過程を構成するとした。

5 H・A・サイモンは，19世紀末，当時の工場の急激な規模拡大により増大していた管理者の負担を軽減するための組織として，職能別職長制を考案した。

解説

1 妥当な記述である。

2 誤。ファヨールの唱えたのは，**4**にある管理過程論である。

3 誤。マズローは欲求5段階説を唱えた人物である。

4 誤。前述のとおり，これはファヨールの説である。

5 誤。職能別職長制はテーラーの考案した組織である。

解答　1

2 行動科学的モチベーション論

人が働くにあたって，やはり働きがい，生きがいのある職場が望まれます。前節のホーソン実験に端を発する，人間が人間らしく働く取り組みの理解が展開されるのが本節です。

1．行動科学的モチベーション論の誕生の背景

いわば人間性を無視した伝統的管理論が行き詰まりをみせていたなかで，人間性の重要性を提唱した人間関係論は意義深いものであった。

ただ，現実の企業においては，彼らの主張では説明できないような状況がみられることがある。たとえば，人間関係がまずくても能率向上がみられる場合である。**人は職場の人間関係だけでなく，仕事そのものが面白い場合に，より大きな意欲を感じるものである。**そこで，1950年代以降，人間関係論の批判的検討の上に立つ形で，仕事を通じて自己実現の欲求を満たすことにより人々の意欲を高めようとする理論が登場してきた。これが**行動科学的モチベーション論**（あるいはモチベーション論，行動科学的動機付け論）である。これらの学派の根底にある人間観は，「経済人」でも「社会人」でもなく，自己実現を目的とする「**自己実現人**」という考えである。

2．マズロー（A. H. Maslow）の欲求5段階説

欲求5段階説とは心理学者の**マズロー**が提唱し，その後のモチベーション論の発展の基礎となった理論である。マズローは，人間はさまざまな欲求をもち，しかもその欲求には階層性があり，それが5段階に分類できること，さらに，**低次の欲求が満たされるとより高次の欲求を満たすべく人間は行動する**ことを主張した。彼が分類する**5つの欲求**とは低次より順に並べると以下のとおりとなる。

①生理的欲求…人が生きていくために必要なものに対する欲求。食物，睡眠などに対するもの。

②安全欲求…雇用の安全も含めた生活上の安全を求める欲求。住居，衣服，さらには精神的自由に対するもの。

③社会的欲求…周りの人との心の触れ合いを求める欲求。友情，愛，仲間意識，良好な人間関係などに対するもの。

④尊厳の欲求…他人に尊敬されたいとか，名誉を得たいという欲求。

⑤自己実現の欲求…自己の潜在的能力を最大限に発揮したいという欲求。

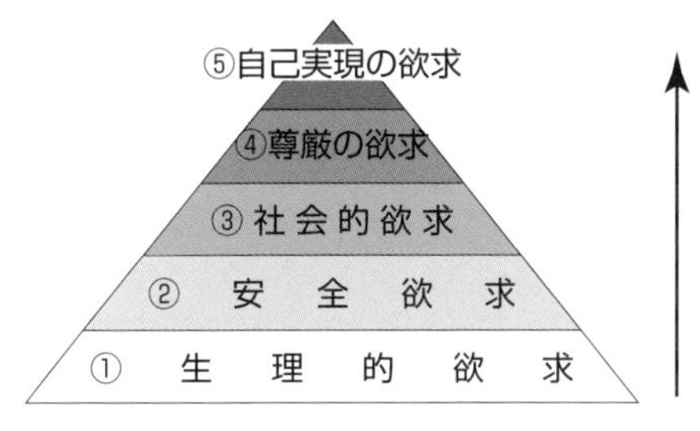

[マズローの欲求５段階説]

3．アージリス（C. Argyris）の成熟－未成熟理論

アージリスは，人間は「**未成熟**」な状態から「**成熟**」の状態へ向かうよう行動するとして，下表のような「未成熟－成熟モデル」を提唱した。

〈未成熟—成熟モデル〉

[未成熟] ────→	[成　熟]
・受動的行動	・能動的行動
・依存状態	・自立状態
・少数の行動ルート	・多様な行動ルート
・移り気で狭い関心	・強く深い関心
・短期的視野	・長期的視野
・従属的地位	・同等または優越的地位
・自覚の欠如	・自覚と自己統制

アージリスの理論の趣旨は以下のとおりである。

① **人間は受け身的な未成熟状態から，確固とした自己を確立し能動的に行動する成熟状態へ向かおうとする欲求を企業内で実現しようとする。**

② ところが，官僚的な組織機構には，この行動を押し止めようとする作用

が働く。組織内では，仕事の専門化により作業が狭い範囲に限定されるとともに，階層的な命令体系に服することになるからである。

③　この結果，個人と組織は不適合を起こす。つまり，組織によって自己実現を阻まれた個人は，組織内での昇進だけを考えたり，無気力になったりして，組織の活動が非効率的になる。

④　不適合を回避するための具体的な施策には，職務における能力発揮の機会を増やす**職務拡大**と，職務内容の決定に担当者を参加させる**参加的リーダーシップ**などがある。

⑤　なお，職務拡大を実際の企業経営に活用している例として代表的なのが，スウェーデンの自動車メーカー，ボルボ社のカルマ工場における**ボルボ方式**（**カルマ方式**）である。これはベルトコンベヤーを廃止して，15～20人程度の小グループで自動車の組み立てにあたるというシステムである。職務を広げることで単調感を除去し，併せてベルトコンベヤーの廃止により人間疎外の問題をも解決したのである。

4．マクレガー（D. McGregor）のＸ理論・Ｙ理論

マクレガー[3)]のＸ理論・Ｙ理論とは，以下の表のような人間観を指す。

〈Ｘ理論・Ｙ理論における人間観〉

〔Ｘ理論〕	〔Ｙ理論〕
・普通人間は仕事が嫌いである ・組織目標の達成をめざして人々に十分な努力をさせるためには，強制し，統制し，命令し，処罰をもって脅かす必要がある ・普通の人間は命令されるほうが好きで，責任を回避したがり，何よりも安全を願っている	・仕事で心身を使うのは人間の本性であり，遊びや休息と同様，自然なことである ・人間は自分が関与した目的には，自ら方向を決め努力するものである ・普通の人間は責任を取ろうとするだけでなく，進んで責任を取ろうとする ・問題解決のための比較的高度な創造力や創意工夫を発揮する能力は，たいていの人間に備わっている ・目標達成に努力するかどうかは，その達成により得る報酬（どんな欲求が充足されるか）による ・現代の企業において，人間の知的潜在能力はほんの一部しか活用されていない

マクレガーの理論の趣旨は以下のとおりである。

①　社会が豊かになった現在では，Ｘ理論に基づいたのでは**動機づけ**の効果（**モチベーション**を高めるということ）は期待できない。

②　有効な動機づけをするためには，Ｙ理論に基づいてより高次の欲求（尊厳の欲求，自己実現の欲求）に働きかけなければならない。

③　具体的な方策としては，目標の自己設定による自己統制や，経営参加制度の設定などが挙げられる。つまり，部下に自律的に企業の目標に向かって努力させることを理想としている。

3）マグレガーとも書く。

5．ハーツバーグ（F. Herzberg）の動機づけ−衛生論（2要因理論）

ハーツバーグ[4]の理論の趣旨は以下のとおりである。

① 職務満足と職務不満の原因となる要因はそれぞれ異なり，2つに大別される。

1）**衛生要因**とは，職務に対する不満をもたらす要因を指す。具体的には，給与，作業条件，人間関係，監督者との関係などである。

2）**動機づけ要因**とは，仕事に対する積極的な取り組みや満足感を生み出す要因を意味する。具体的には，仕事自体の面白さ，達成感，結果への評価などが含まれる。

② 衛生要因の改善は不満の予防になるが，やる気を起こすことにはならない。動機づけ要因への働きかけこそ，真の動機づけにつながり，人々の意欲をかき立てることができる。

③ 具体的な方策として挙げられるのが，**職務充実**＊注である。職務拡大が，職務の内容を広げて**水平的負荷**の増大を図ろうとしているのに対し，職務充実とは，職務の**垂直的負荷**を増やすことを企図するものである。

＊注 たとえば，職務拡大ではこれまで「販売」を担当していた作業者に「製造」も担当させるようなことをいうが，職務充実は，職務の内容を豊富にするもので，これまで製造を担当させていた作業者に，工程の見直しや改善を担当させるようなことをいう。

6．期待理論

① 動機づけの程度は，職務遂行の結果として得られるであろう報酬への期待の強さと，報酬の評価価値の大きさとによって左右されるとする理論。

② 期待理論の論者は，ポーター（L. W. Porter），ローラー（E. E. Lawler），ブルーム（V. H. Vroom）などである。

③ 彼らの議論を要約すれば，人間の動機づけの程度は，職務遂行によって特定の結果を達成できることの期待や，その結果が報酬に結びつく期待と

4）ハーズバーグとも書く。

いう2種類の「**期待**」と，実際得た報酬の**満足度**（「誘意性」）に左右されるというものである。

④　つまり，人間はまったく魅力を感じない報酬を得ようと努力することはないであろうし，また，獲得できる見込みのまったくない報酬のために職務に取り組むこともないであろうから，組織は業務遂行努力に応じた給与体系や昇進制度を設計する必要性があるということを示している。

ポイント整理

1　マズローの欲求5段階説

- 人間の欲求には5つの階層がある
  - ①　生理的欲求
  - ②　安全欲求
  - ③　社会的欲求
  - ④　尊厳の欲求
  - ⑤　自己実現の欲求
- 人間は低次の欲求が充足されると，より高次の欲求を満たそうと行動する
- 最終的に目指すのは自己実現欲求の充足である

2　アージリスの成熟―未成熟論

- 人間は未成熟状態から成熟状態をめざして行動する
- 官僚的な組織にはその行動を阻む作用があり，その結果，個人と組織の「不適合」が引き起こされる
- ボルボ方式とは職務拡大により人間疎外の問題を解決したものである

3 マクレガーのＸ理論・Ｙ理論

- Ｘ理論…人間は生来，仕事嫌いで強制されなければ働かないという人間観
- Ｙ理論…仕事をするのは人間の本性であり，人間は仕事を通して自己実現を目指すという人間観
- より有効な動機づけのためには，Ｙ理論に基づいた管理の方策が必要となる

4 ハーツバーグの動機づけ―衛生論

- 衛生要因…職務に対する不満をもたらす要因
- 動機づけ要因…職務における満足感を生み出す要因（両者は明確に異なる）
- 衛生要因を改善して不満を解消しつつ，動機づけ要因に働きかけて真の動機づけを目指す　→　職務充実により解決

5 期待理論

- 動機づけに至る人間の心理的プロセスを明らかにしようとする理論
- 動機づけの程度は，努力が結果（報酬）をもたらす期待と結果の誘意性（主観的満足度）とに左右される

6 伝統的管理論・人間関係論・行動科学的モチベーション論の流れ

伝統的管理論――合理性の追求――金銭的欲求
↓
人間関係論――人間関係の重視――社会的欲求
↓
行動科学的モチベーション論――仕事の達成感・やりがい――自己実現欲求

問題　職務設計に関する次の記述のうち，妥当なものはどれか。

1 F・ハーツバーグは，彼の二要因論に基づいて，衛生要因を含むような職務内容にして従業員の成長欲求を充足すべきであると主張した。そのための方法が垂直的職務拡大計画であった。

2 E・メイヨーは，いわゆる彼の人間関係論の中で，職務をできるだけ単純にしたうえで，職務を効率的に遂行するための唯一最善の方法をみつけて標準化し，特定の集団に担当させるべきであると主張した。

3 いわゆるフォード・システムでは，ボルボ方式とは異なり，作業集団の形成によって労働者の自律性を高めて労働意欲を高揚させ，生産の効率化を図ろうとした。

4 職務再設計論の考え方の1つである職務内容論は，職務の水平的分業と垂直的分業の度合いを低めて，職務の担当者が，労働の意義を認め，その責任を実感し，多様な学習ができる職務内容にすべきであると主張した。

5 C・I・バーナードは，生産現場の労働者の組織的怠業をなくすため，いわゆる科学的管理法のなかで，労働者が元来もっている多様な潜在能力を引き出すような集団作業に基づく職務設計の方法を提唱した。

解説

経営管理学説の展開を，この問題のように職務設計という観点からとらえ直すことも可能なのである。こういったテキストの体系とは異なる角度からの問題についても，テキストの基本的な内容さえしっかりと把握していれば，十分に対応が可能であることを本問を通して理解しておいてほしい。

1 誤。ハーツバーグは，従業員の成長欲求充足のためには，動機づけ要因に働きかける職務充実が必要であると主張している。

2 誤。作業の標準化というのは，伝統的管理論における概念である。

3 誤。この記述は，フォード・システムの考え方ではなく，逆にボルボ方式についてのものである。

4 妥当な記述である。職務内容論は，非常に高度な論点であり，ここまで学習する必要はないと思われる。ただひとつ注意を促したいのは，この問題においてたとえ職務内容論について知識がなくとも，（本テキストに沿って基本的知識を習得していれば）他の選択肢が明らかな誤りであると判定できることから，この**4**の記述が妥当であると解答できるということである。本試験では，自分の知らない内容が出題されることもある。そのとき，決してあわてることなく，このような「消去法」で解答ができるかどうかを検討すべきなのである。

5 誤。科学的管理法は，テーラーの議論である。

解答 4

重要度
★★★

近代組織論

企業には多くの人が働くから，そこにはそれを統制するルールや取り決めが必要となります。つまり何らかの手法で組織化することが不可欠となります。ここではその組織とは何か，代表的な考えを提示して理解を深めます。

1．バーナードの組織論

バーナード（C.I. Barnard）の理論では，組織を孤立した人間の集団ではなく相互に影響を及ぼし合いながら成立する体系（システム）だととらえている。この組織という1つのシステムをいかに維持していけばよいかが，バーナード理論の主たるテーマである。

バーナードの理論は，後述するサイモンの理論とあわせバーナード＝サイモン理論とよばれるが，サイモンが学者であったのに対して，バーナードは，ニュージャージー・ベル電話会社の初代社長を務めた実務家である。バーナードは社長時代の経験をもとに1938年に『経営者の役割』を書いた。

（1）バーナードの人間観

バーナードは，人間を「**全人**」ととらえた。**全人とは，理性とともに感情をもち，個人としての人格とともに社会性も有するもの**であり，合理的であろうとはするが，完全に合理的にはなりえない存在であるという意味である。

（2）協働体系

全人としての人間は，個人として達成不可能ないし困難な目的を達成するために協働をおこなう。**協働とは複数の人間が協力して1つの目的のために働くこと**であるが，この協働のための仕組みを**協働体系**（**協働システム**）とよぶ。企業も1つの協働体系である。協働体系としての企業は，建物や生産設備などの物的要素，従業員などの人的要素，他の企業と結ぶ取引関係などの社会的要素という3要素を統合した実体的な存在であるが，その中核をなしているのが「**組織**」である。

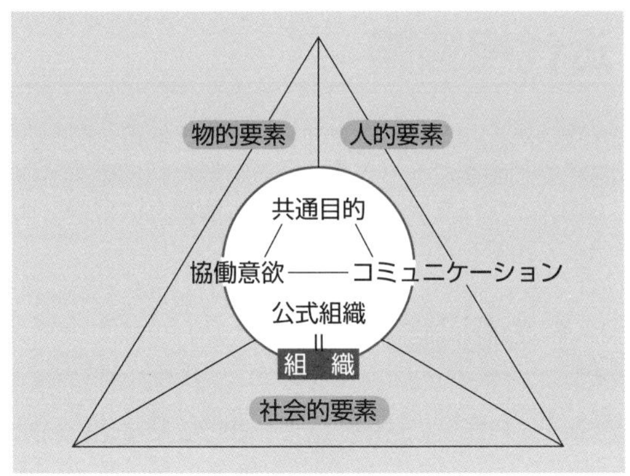

［協働体系］

（3）組織の３要素

協働体系の中核に位置する「組織」（バーナードはこれを公式組織とよんだ）とは「2人以上の人々の意識的に調整された活動または諸力の体系」であるという。バーナードはこの組織を維持することが，経営者の役割であると指摘する。

さらに彼は，組織を成立させるための必要かつ十分な条件として，共通目的，協働意欲，コミュニケーション（伝達）の3要素を挙げている。

①　共通目的

共通目的とは，組織メンバー個々の個人目的を何らかの形で統合した組織としての目的である。人々が協力して，意識的に調整された活動をおこなうためには，メンバー間に共通の目的が存在していなければならない。この組織としての目的は，メンバーの個人目的と必ずしも一致するとは限らないが，**少なくともメンバーの合意を得られるもの**である必要がある。

②　協働意欲（貢献意欲ともいう）

協働意欲とは，組織メンバーの共通目的を達成しようとする意欲のことである。協働意欲を高めるためには，組織が，金銭的・物的誘因とともに社会的あるいは心理的誘因を，メンバーに対して十分に供与することが必要となる。組織目的達成のためにメンバーが組織に提供する活動としての貢献を，この誘因（組織から得る価値）が上回らなければ，個人の協働意欲は失われてしまうからである。すなわち，**誘因≧貢献の状態を保持することが，組織のメンバーの協働意欲を確保するために必要**なのである。

③　コミュニケーション（伝達）

コミュニケーションとは，組織内における各種の情報の伝達のことであり，**共通目的と協働意欲とを統合する役割**を果たす。意思決定や命令の適切な伝達がおこなわれなければ，個々人の協働意欲が組織全体の目的を達成するための活動に結びつかない。組織が個人の活動の集まりである以上，それを全体として統合し調整するコミュニケーションがなければ，組織のまとまりが維持できないのである。

（4）組織均衡，有効性と能率

①　組織均衡

組織均衡とは，組織に参加するメンバーにとって誘因が貢献よりも大きい状態のことを意味し，この場合，個人は組織への参加を継続することになる。逆に，貢献のほうが大きくなった場合には，メンバーは不満足を感じ，その組織から離脱することになる。つまり，誘因と貢献のバランスを図ることで，組織メンバーの協働意欲を高めることができ，組織の維持・成長・存続も達成できるというのが，組織均衡の意味するところである。

②　有効性と能率

バーナードは，組織均衡の状態を確保するためには，組織の有効性と能率を同時に高める必要があると主張する。これは以下のような意味である。

有効性とは，組織目的の達成の度合いのことである。言い換えれば，メンバーに配分する誘因の原資をどれだけ獲得できるかということである。したがって，有効性が高められれば，メンバー個々に配分される成果の原資が大きくなる（たとえば業績がよくなれば給料も上がる）。

能率とは，組織からの成果配分に対する個人の満足の度合いのことである。こちらは組織内での誘因の配分をいかにするかの問題である。給料やボーナス，昇進，やりがいのある仕事などを適切に配分することで，能率を高めることが重要となる。

有効性が高められれば，メンバー個々に配分される成果の原資が大きくなる。そうすれば能率も高められる。これはまさに，組織均衡が達成された状態である。つまり，「有効性」上昇→「能率」増大→誘因≧貢献の状態が確保され，組織の均衡が保持される，ということである。

（5）個人人格と組織人格

バーナードによれば，組織において個人は個人人格と組織人格という２つの人格を同時に持っている。

個人人格とは，あくまで自己の利益を追求する意思決定（**個人的意思決定**）をおこなう人格であり，各個人は誘因が貢献よりも大きくなると判断した場合に組織に参加する。

組織人格とは，個人的な利益ではなく，組織目的の達成を追求する意思決定（**組織的意思決定**）をおこなう人格である。各個人は個人的意思決定に基づいて組織に参加すると組織的意思決定をおこなうようになる。

すなわち，個人的意思決定によって組織構成員が集まり，組織が構成され，組織目的のための意思決定がされていく，という意思決定の相互作用の体系が組織の活動である。

しかし，一方で，個人人格と組織人格は，プライベートと仕事，個人的な倫理観と会社からの不正の強要というように多くの場面で対立するため，この解決が重要であるとバーナードは考えた。

バーナードは，このように意思決定という分析の視点を組織の研究に導入したが，こうした考え方は後述するサイモンに強く影響を与えた。

（6）道徳的リーダーシップ

道徳的リーダーシップとは，経営者などのリーダーシップにおける道徳的側面のことである。ここでいう道徳とは理念，価値観，慣習などである。バーナードは経営者などのリーダーは経営理念や企業文化の創造を通じて，組織構成員の理念や価値観などを統合し，協働に導く役割があると考えた。

（7）権限受容説

バーナードは，従来の管理論の**権限上位説**（権限は，株主→経営者→部下へ委譲された命令権であるという説）やフォレットの**権限機能説**（権限は組織構成員が果たす機能であるという説）に対して，**権限受容説**を主張した。

権限受容説とは，命令が受容され，命令の意図に従って部下が行動して，初めて管理者の権限が成立するという考え方である。この説によれば，命令が受容されないのは，①命令が組織目的と矛盾すると部下が信ずる場合，②命令が部下の個人的な利害と矛盾する場合，③管理者の能力がその権限にふさわしくないと部下が信ずる場合，④コミュニケーションが理解不可能である場合などである。

前述したように，組織の維持のためには組織内でコミュニケーションが円滑におこなわれる必要がある。そこで管理者（経営者）は，伝達される情報を権威あるものとして受容するメンバーの協力的姿勢を引き出せるよう努める必要がある，とバーナードはいうのである。

2．サイモンの意思決定論

サイモン（H. A. Simon）の理論の大きな特徴は，組織を**意思決定の複合体系**ととらえる点にある。意思決定者である個々人（組織メンバー）の意思決定が，相互に影響し合いつつ組み合わされて，組織体の行動が導き出されるというのである。行動そのものではなく，行動に先行してそれを生み出す意思決定を企業行動の中心的な概念ととらえ，その意思決定に対するさまざまな研究を通して，人間および企業の行動を分析したのである。

（1）サイモンの人間観

サイモンは，人間を**限定合理性**（制約された合理性，制限された合理性などともいう）を有する意思決定主体と仮定した。限定合理性とは，人間はできるかぎり合理的に意思決定しようとするが，合理性に限界が存在するために，**完**

全に合理的な意思決定をすることはできない，という人間仮定のことである。

限定合理性は，第一に，意思決定のために必要なすべての情報を収集することはできないという，**情報収集能力の限界**，第二に，意思決定に基づいた行動の結果をすべて完全に予想することはできない，という**計算能力の限界**を意味している。

従来の伝統的な経済学では，**完全合理性**（情報収集能力や計算能力に限界がないこと）を仮定して，市場の分析をおこなってきた。それに対してサイモンは，より現実の人間に近い概念として限定合理性を主張した。

（2）意思決定のプロセス

サイモンによれば，**意思決定とは次のようなプロセスの全体を意味する**。

① 問題の認識

環境から情報を収集し，それを分析して，解決が必要となる問題を発見する。

② 代替案の探索

前段階で発見された問題解決のための代替案を探索し，作成する。その際，人間は**情報収集能力に限界**があるため，すべての代替案を探索することはできない。

③ 代替案の評価

探索された各代替案の結果を予想し，それを比較・評価する。その際，人間は**計算能力に限界**があるため，完全な予想・評価をおこなうことはできない。

④ 代替案の選択

各代替案の結果を予想し，それを比較・評価して，評価に基づいて一定水準を満たす代替案を選択する。ただし，人間は合理性に限界があるため，満足化原理に基づく意思決定をおこなわざるを得ない。

⑤ 代替案の実施

選択した代替案を実行し，所定の成果を確保する。

⑥ フィードバック

実行の結果を評価・分析して，その情報を次の意思決定にフィードバックする。

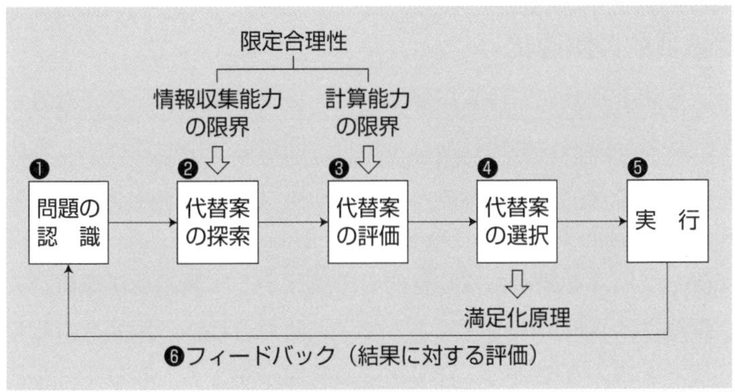

［意思決定のプロセス］

（3）満足化原理に基づく意思決定

満足化原理に基づく意思決定とは，意思決定に際して一定の目標水準を定め，その目標水準を達成できる代替案を発見した段階で，新たな代替案の探索を中止してそれを選択するという意思決定の方法である。

人間が完全合理性をもつ存在であるなら，あらゆる代替案のなかから，一定の評価基準に照らして最も有利な選択をおこなうという最適化原理に基づく意思決定をすることができる。しかし，人間の合理性に限界があるゆえに，**人間は満足化原理に基づく意思決定をせざるを得ない**のである。

（4）意思決定の種類

サイモンは，企業における意思決定を，定型的意思決定と非定型的意思決定の２つに大別した。

定型的意思決定とは，日常反復的に発生する意思決定問題であり，一定の問題解決の手続きや方式があらかじめ決められており（プログラム化），そのつど新しい代替案の探索を必要としないものである。

非定型的意思決定とは，問題が新しく複雑であり，あるいは個別的に重要な問題であるために，問題発生のたびごとに新たな代替案の探索を必要とし，あらかじめ一定の決定手続きや方式をもたないタイプの意思決定である。たとえば，新市場の開拓，新規参入などがこれにあたる。

（5）組織目的の階層化

人間は，その合理性における限界ゆえに，大きな問題に一挙に対処することはできず，複雑な問題の解決にあたる場合，問題を分解して理解し解決しようとする。組織目的は，まさに複雑で大きな問題であるから，まず，これをいくつかの中間的な目的やより小さな目的に分解し，分解した問題群に担当メンバーを配置していく必要がある。目的の階層化が，階層的な組織構造を生むのである。組織は，目的の階層化によって，人間の合理性の限界をある程度克服することができる。なぜなら，意思決定の範囲が狭まり，収集すべき情報の量も限定されるからである。限定合理性をもつ諸個人が，意思決定の範囲を狭めることにより，全体としてできるかぎり合理的な意思決定をおこなおうという目的のために組織は形成されると考えることができる。

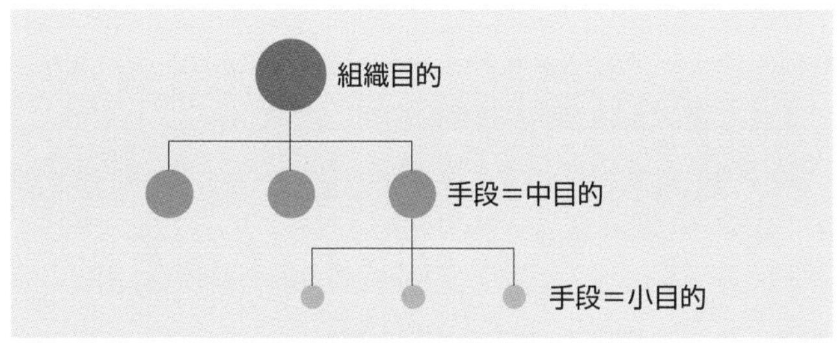

[組織目的の階層化]

（6）組織の意思決定と決定前提

① 組織の意思決定

階層化された組織体の内部では，各部門ごとに，担当する問題解決のための意思決定がなされる。その際，それぞれの意思決定がばらばらになされるわけではなく，上位の意思決定はより全般的で，下位の意思決定を統制し制約するし，下位の意思決定は上位の意思決定を実行するための手段になる。このように，各層の意思決定が相互に影響を及ぼし合い，そのなかから組織全体の行動が生まれてくるのである。

②　決定前提

決定前提とは，**メンバーが意思決定をおこなう場合の前提を意味**し，「**価値前提**」と「**事実前提**」とに分けられる。価値前提とは，何を目的とし，何を望ましいと考えるかの価値判断である。一方，事実前提とは，置かれた環境や能力に関する事実認識のことである。

サイモンは，あるメンバーの意思決定が，他のメンバーの価値前提と事実前提に影響を与えその意思決定を左右するという形で，組織内において意思決定の相互作用が引き起こされる，と説明するのである。たとえば，上司の意思決定は部下の目的を左右するし，研究開発部門の新製品開発は営業部門の事前前提を変更するであろう。

ただし，サイモン自身はたとえば目的の選択に関わる価値前提に関しては価値判断が必要で科学の対象としてはなじまないため，研究の対象からは除外した（サイモンは**論理実証主義**という方法論的立場に立っており，価値判断の問題を理論の対象からは除こうとした）。そして，価値前提を所与とし，目的を所与としたうえで，事実前提や意思決定についての研究を中心におこなった。

（7）手続的合理性と実質的合理性

サイモンは手続的合理性と実質的合理性の区別を強調した。

実質的合理性とは，意思決定においてどの選択肢（代替案）がよいのかを見出すことをいう。それに対して**手続的合理性**とは，選択肢（代替案）自体を収集するために適合的な方法手続をいかによく考案し，適用できるかということをいう。

限定合理性の仮定のもとでは最適な意思決定をおこなうことは現実的に困難であるため，決定過程自体の合理性の検討と，その確保という問題が重要であると，サイモンは考えた。

以上，サイモンの理論によれば，意思決定の複合体系としての組織は，組織目的の階層化に併せて組織の意思決定も階層化して，人間の合理性の限界を克服しつつ，組織目的の合理的達成を追求している，ということになる。

〈参考〉その他の管理論（組織論）

バーナード，サイモン以降の管理論（組織論）はさまざまな発展をみせたがそれ以外の管理論には代表的には以下のようなものがある。

① サイモンの影響

サイモンの意思決定論はその後マーチ（J. G. March）&サイモン（主著『オーガニゼーションズ』1958年）やサイアート（R. M. Cyert）&マーチ（主著『企業の行動理論』1967年）といった形で受け継がれていった。

また，ウィリアムソン（O. E. Williamson）は主著『市場と企業組織』において，サイモンの限定合理性や機会主義の概念をもとにいわゆる「取引コスト経済学」を発展させていった。

② ごみ箱モデル

サイモンの意思決定論では，限定合理性の範疇でできる限り合理的な意思決定をおこなおうとする合理的意思決定モデルをとっていたが，その限界を克服するためにマーチ，オルセン（J. P. Olsen），コーエン（M. D. Cohen）らが主張した新しい意思決定モデルを「ごみ箱モデル」という。

サイモンなど従来の意思決定論では，あたかも数学の問題を解くように問題解決がおこなわれると考えられているが，現実の組織の意思決定はより偶発的なものもある。こうしたより現実的な意思決定を説明するためのモデルが「ごみ箱モデル」である。

組織には選択機会，参加者，問題，解の4つの流れがあり，参加者，問題，解が選択機会に流入流出を繰り返し，複雑な相互作用から偶発的に意思決定がおこなわれるというのがごみ箱モデルの概要である。このことはごみ箱にごみが入れられるように各参加者が選択機会に問題，解を独自に投げ入れ，選択機会に投げ込まれた問題の解決に必要になる一定量まで溜まると，あたかも満杯となったごみ箱が片付けられるように決定がおこなわれると考えるものである。

したがって，ごみ箱モデルでは意思決定は選択機会，問題，解，参加者の偶然の産物であり，従来の意思決定論のように数学の問題を解くように論理的に問題解決がおこなわれるとは考えない。

③　ワイク（K. Weick）『組織化の社会心理学』（1969年）

ワイクによれば，「組織とは何か」という問いではある一時点の組織を捉えることしかできず，不断に変化しつづける組織の本質を捉えることはできない。むしろ，組織が形成され，維持され，解体する過程（組織化）が連続的に進行している状態こそが組織であると考えられる。組織化とは生態学的変化－イナクトメント－淘汰－保持という一連の過程を経て意味の多義性が増大，減少する意味解釈のプロセスである。たとえば，組織を取り巻く環境についても，外部から付与されるものではなく組織構成員が一部主観的にイナクトメント（創出）するものと考える。組織化が意味解釈のプロセスであるため，組織ではセンスメイキング（意味生成）が重要となる。センスメイキングとは，組織において「なるほど」「わかった」と納得させる過程である。

〈参考〉様々な管理論における人間観（人間モデル）

経営管理論では，労働者をどのような存在と仮定するかという人間観が重要な問題である。こうした人間観にはさまざまなものがあるが代表的な人間観を示すと以下のようになる。

①「経済人（economic man）」モデル

金銭的な欲求を満たすために常に合理的に行動する人間モデルである。テーラーの科学的管理法などの伝統的管理論はこの立場をとっている。

②「社会人（social man）」モデル

人間を独立した個人ではなく，集団の一構成員と捉え，自己の所属する集団の規範に従い，没論理的に行動する人間モデルである。人間関係論はこの立場をとっている。情緒人モデルともいう。

③「自己実現人」モデル

人間は金銭的欲求や社会的欲求ではなく自己実現欲求を満たすために行動するという人間モデルである。マズローら行動科学的モチベーション論はこの立場をとっている。

④「経営人（managerial man）」「管理人（administrative man）」モデル

管理人モデルとは，人間を限定された合理性を有する行動主体と捉え，組織を利用することによって限定された合理性を克服し，意思決定をおこなおうとする人間モデルのことである。サイモンの意思決定論はこの立場をとっている。なお，「経営人」モデルは，「管理人」モデルに，戦略的意思決定の問題などを包括し，修正したモデルであるが，ほぼ同義と考えてよい。

⑤「全人」モデル

理性とともに感情をもち，個人としての人格とともに社会性も有するものであり，合理的であろうとはするが，完全に合理的にはなりえない存在としての人間モデルである。バーナードはこの立場をとっている。

⑥「複雑人」モデル

シャイン（E. H. Schein）が提唱した人間モデルである。シャインによれば，古典的な管理論が仮定しているのは常に経済合理的に行動する「経済人」であり，人間関係論が仮定しているのは社会集団の規範に従う「社会人」であり，さらに，アージリス，マクレガー，マズローらの行動科学的モチベーション論が仮定しているのは自己実現を目的とする「自己実現人」である。しかし，シャインは1つの人間像を適用するのは間違いであり，直面する状況によって人間像は変化するという，人間の複雑性を容認した「複雑人」モデルを提唱した。すなわち，状況変化すると，適合する人間観は変化するので条件適合的なモデルを適用して組織を構成すべきであると主張したのである。

つまり，人間の欲求の多様性や重層性を認めるべきだという立場が「複雑人」モデルである。

ポイント整理

1 バーナードの組織論

① 協働体系

組織を中核とした，物的・人的・社会的要素の結合体

② 組織の3要素

- 組織…2人以上の人々の意識的に調整された活動または諸力の体系
- 組織の3要素とは組織を成立・維持させる必要十分条件であり，共通目的，協働意欲，コミュニケーションのことを指す。

1）共通目的

共通目的とは，組織のメンバー個々の個人目的を何らかの形で統合した組織としての目的である。人々が協力して，意識的に調整された活動をおこなうためには，メンバー間に共通の目的が存在していなければならない。

2）協働意欲

協働意欲とは，組織のメンバーの共通目的を達成しようとする意欲のことである。これを確保するためには，誘因≧貢献の状態を維持することが必要となる。

- 誘因…メンバーが組織から得る価値
- 貢献…メンバーが組織に提供する価値

3）コミュニケーション

コミュニケーションとは組織内における各種の情報の伝達のことであり，共通目的と協働意欲とを統合する役割を果たす。

③ 有効性と能率

- 有効性…組織目的の達成の度合いのこと
- 能率…組織からの成果配分に対する個人の満足の度合いのこと
- 高い有効性と高い能率の両方があって初めて誘因と貢献のバランスが達成できる。

④　組織均衡

- メンバーにとって貢献よりも誘因が大きい状態を，組織均衡の状態という。
- 誘因≧貢献→メンバーは組織への参加を継続
- 誘因<貢献→メンバーは組織から離脱

⑤　個人人格（個人的意思決定）と組織人格（組織的意思決定）

- 個人的意思決定…個人的な目的を達成するためにおこなう意思決定
- 組織的意思決定…組織の目的を達成するためにおこなう意思決定

[バーナード理論の概要]

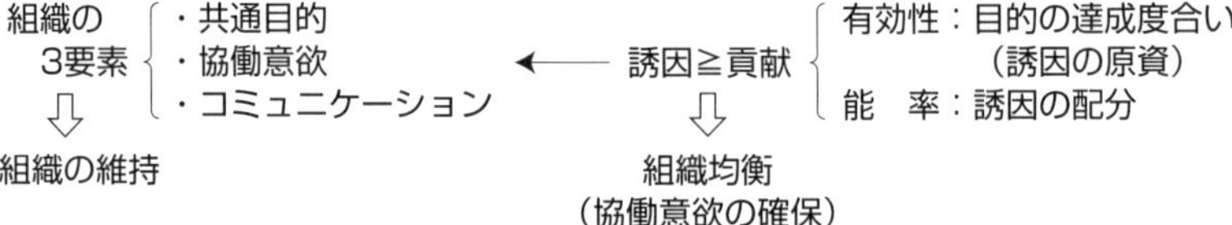

2　サイモンの意思決定論

①　限定合理性

できるかぎり合理的に意思決定しようとするが，完全に合理的な意思決定をすることはできないという人間に関する基本的な仮定。情報収集能力の限界と計算能力の限界とからなる。

②　意思決定のプロセス

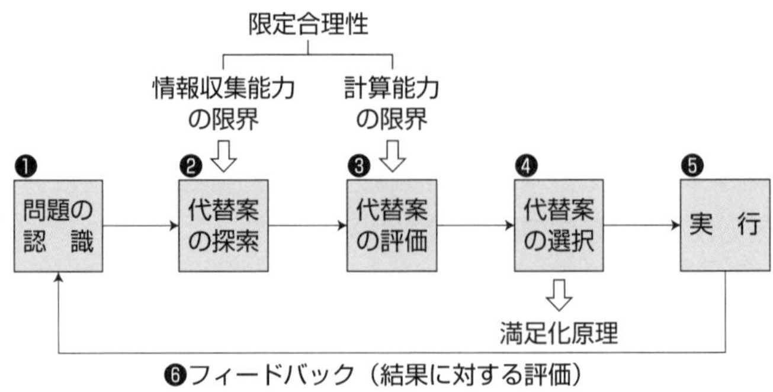

③　満足化原理

意思決定に際して一定の目標水準を定め，その目標水準を達成できる代替案を発見した段階で，新たな代替案の探索を中止してそれを選択するという意思決定原理をいう。

④　決定前提

●決定前提…価値前提と事実前提とに分けられる。

価値前提…何を目的とし何を望ましいと考えるのかの価値判断。

事実前提…置かれた環境や能力に関する事実認識。

●あるメンバーの意思決定は，他のメンバーの決定前提に影響を与えることで，その意思決定を左右する。

↓

メンバーの意思決定は相互に作用する。

↓

おのおのの意思決定の相互作用のなかから，組織の行動が生まれてくる。

⑤　組織目的の階層化

●人間は複雑な問題に対する場合，それを分解することで理解・解決しようとする（合理性の限界ゆえ）が，組織目的はその複雑性ゆえ階層的に分解される。

●分解された問題それぞれに担当メンバーが配置され，その結果，組織に階層が生まれる。

●目的の階層化と組織の階層化により，複雑な組織目的の効果的な解決が可能となる（組織は個人の合理性の限界をある程度克服する）。

Exercise

問題① 近代組織論に関する次の記述のうち，妥当なものはどれか。

1 C･I･バーナードは，組織という1つのシステムをいかに維持していけばよいかを主たる研究テーマとしていた。その点を考察した主著が『経営行動』である。

2 H･A･サイモンによれば，組織目的を効率的に達成するためには，メンバー各人がおこなう作業を標準化することが特に重要であるという。

3 C･I･バーナードによれば，組織の3要素のうち協働意欲を確保するためには，メンバーの報酬に対する期待を高めるような施策が必要であるという。

4 H･A･サイモンは，人間の欲求は階層構造をなしていること，そして人間はそれらの欲求のなかでも最高次の欲求である尊厳の欲求を充足すべく意思決定をおこなうことを主張した。

5 C･I･バーナードは，人間を，理性とともに感情をもち，個人の人格とともに社会性も有するという「全人」ととらえた。

解説

1 誤。バーナードの主著は『経営者の役割』である。『経営行動』はサイモンの著書である。

2 誤。前節の問題でも触れたが，「標準化」という概念は，基本的に伝統的管理論のものである。

3 誤。メンバーの報酬に対する期待を高めるような施策が必要というのは，期待理論についてのものである。

4 誤。欲求階層説（もしくは段階説）は，マズローの概念である。さらに，マズローが人間の最高次の欲求としたのは自己実現の欲求である。

5 妥当な記述である。付け加えるならば，「全人」は合理的であろうとするが，完全には合理的にはなりえない存在である。

解答 5

問題②　近代組織論に関する次の記述のうち，妥当なものはどれか。

1 C・I・バーナードは，企業を環境と相互作用をもたない内部活動のみで存在するシステムとしてとらえた。

2 H・A・サイモンは，意思決定においてその事実前提や価値前提が他のメンバーの意思決定の影響を受けるという形で，組織内での意思決定の相互作用が生じると論じた。

3 C・I・バーナードは，彼の「権限受容説」のなかで，企業組織においては，管理者から伝達された情報は無条件に部下によって受容されるとした。つまり，ある伝達が権威をもつか否かは，命令を発する側に主導権があるということである。

4 H・A・サイモンによれば，意思決定とはすべての代替案のなかから，最適化基準を満たす案を選択する行為ということになる。

5 C・I・バーナードは，個人は組織のなかで，各個人の目的を達成すると考え，個人的意思決定と組織的意思決定を区別する必要はないと考えた。

解説

1 誤。近代組織論では，企業を環境と相互作用をもつオープンシステムとしてとらえている。

2 妥当な記述である。

3 誤。権限受容説の論旨は，伝達が権威をもつか否かは，発令者の側ではなく，受令者の側に主導権があるということである。

4 誤。サイモンのいう意思決定とは，問題の認識（情報の収集）から始まる一連のプロセスのことを指す。また，サイモンは限定合理性を仮定するため，いくつかの代替案のなかから，一定の水準の満足度を満たす案を選択すると考えた（満足化原理）。

5 誤。バーナードは人間の意思決定を，個人的意思決定と組織的意思決定とに分けている。そして組織的意思決定は，組織人格にもとづき組織目的の達成を目的としておこなわれる意思決定のことである。

解答　2

第3章

経営組織論

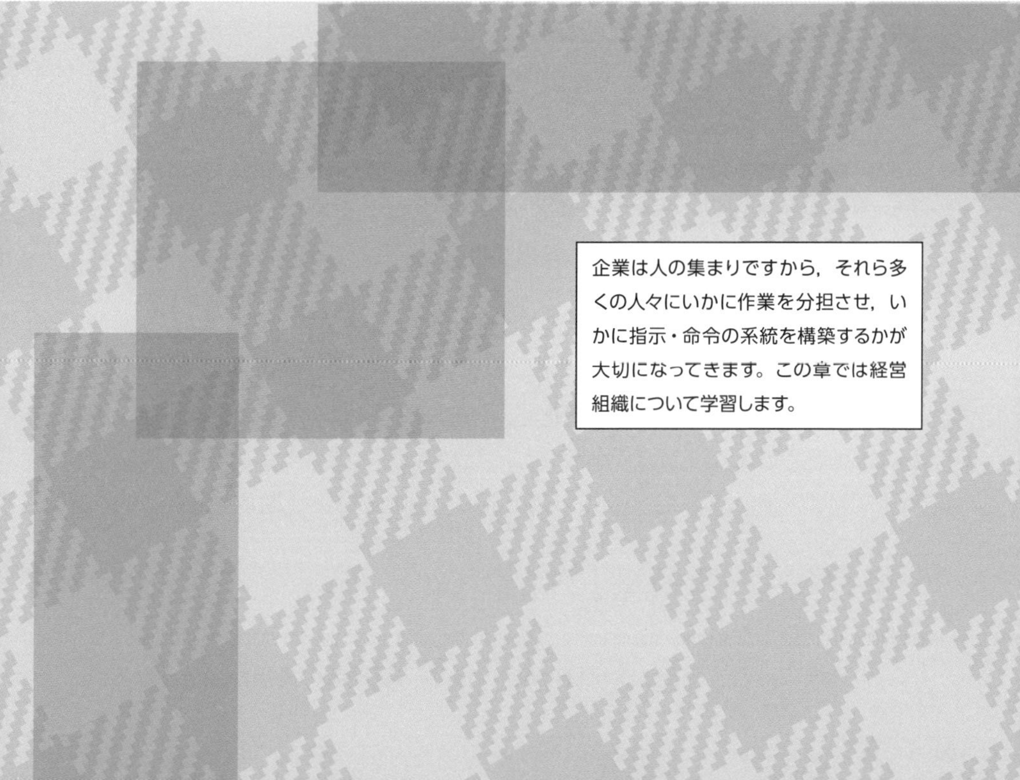

企業は人の集まりですから，それら多くの人々にいかに作業を分担させ，いかに指示・命令の系統を構築するかが大切になってきます。この章では経営組織について学習します。

経営組織の基本構造と形態

実際の企業経営におけるその組織や構造，さらにはその形態はどのようなものであるか，その基本的事項を，事務的な部署，生産現場とも重ね合わせて理解することが必要です。

1．経営組織の基本構造

組織構造とは，組織内でどのように役割（職務）分担をおこなうか，さらに分担された職務間の調整をどのようにおこなうかの基本的な枠組みのことを意味する。

経営組織の基本構造は，組織内の**指示・命令の関係**（権限関係）をどのように設定するかによって，ライン組織，機能式（ファンクショナル）組織，ライン・アンド・スタッフ組織の３つに分類できる。

（1）ライン組織（直系式組織）

ライン組織（直系式組織）とは，下位の者からみた場合，彼は**１人の上司からのみ指揮・命令を受ける**という**命令系統の一元化**が図られた組織である。この組織は命令系統が明確なため，**組織の規律・秩序の維持が容易**になされるという長所がある。一方で，管理者が部下の活動の全般にわたって指揮・監督することになるため，**管理者の負担が過重**となることが短所として挙げられる。

（2）機能式組織

機能式組織とは**管理職能を専門化**し，管理者が限定された分野についてのみ指揮・監督をおこなうという組織であり，テーラーによって提唱された職能別職長制組織をベースにしている組織である。したがって，**職能式組織**ともいう。

理念型としての機能式組織は，上位者（管理者）は役割分担があるが，下位者は役割分担がない。

この組織は，前述のライン組織の短所である，**管理者の負担が過重となる点**

を解消する意図で開発されたものであり，それが長所となる。しかし逆に，**指揮・命令系統が多元化**して組織の規律の維持が困難となり，組織内に混乱が生じてしまうという短所がある。

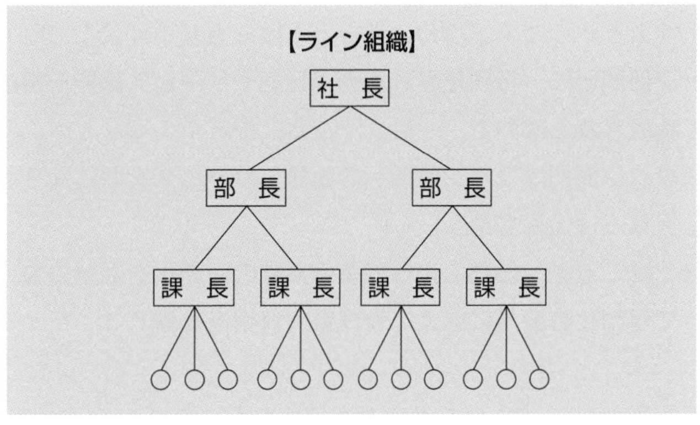

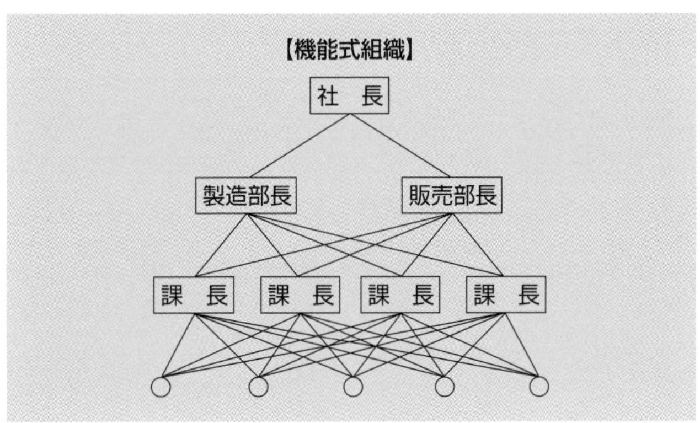

[ライン組織と機能式組織]

〈参考〉オッターソン組織（直系機能式組織）

オッターソン組織とは，下位職能にライン組織を，上位（管理）職能に職能式組織を導入した組織であるが，両者の悪いところだけが顕在化して，うまく機能しなかった。

(3) ライン・アンド・スタッフ組織

ライン・アンド・スタッフ組織とは，ライン部門を中心として，それを側面から支援するものとしてスタッフ部門を配置した組織である。ライン部門とは，製造・営業といった企業活動の遂行のために必要不可欠な部門である。一方，スタッフ部門とは，特殊化された管理職能やサービス職能を担当する専門家によって構成される部門で，一般に，企画，経理，人事などの部門がこれにあたる。スタッフ部門はライン部門への助言・サービスをおこなうが，ラインに対する命令権限は通常もたない。

この組織では，ライン部門によって命令系統の一元化を図りつつ，スタッフ部門によって専門化の要請に応えて管理者の負担を軽減することができるのである。

下図の組織図でいえば，営業本部や半導体事業部などがライン部門であり，総合企画部や総務部などがスタッフ部門である。

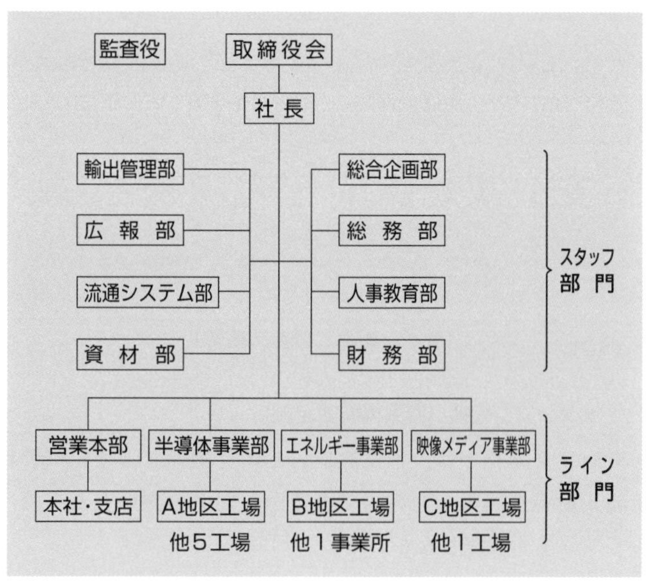

[ライン・アンド・スタッフ組織（例）]

2．経営組織の形態

現代の大企業は，組織の基本構造としてライン・アンド・スタッフ組織を採用していることが多い。ただ，同じライン・アンド・スタッフ組織といっても，部門の設定の仕方をどうするかによりいくつかの形態に分類できる。ここでは，そのうち代表的な組織形態である職能別組織と事業部制組織を取り上げる。

(1) 職能別組織

① 意　義

職能別組織とは，購売・製造・販売・研究開発といった職能ごとに部門化され，企業全体として大きな自己充足単位となっている組織である（職能とは企業にとってなさねばならぬ仕事のことである）。職能別組織では，研究開発部と製造部間，製造部と販売部間といった職能間の調整は基本的にトップマネジメントによっておこなわれるため，調整に必要な命令権限がトップマネジメントに集中して置かれる。この意味で職能別組織は，一般的に**集権的組織**＊注1となる。

② 長　所

1）職能別に専門化が図られているため，専門化の利益＊注2を享受できる。

2）複数の自己充足単位を設定（≒事業部制組織）するのに比べ各職能部門の規模が大きく，規模の経済性＊注3が得られる。

3）トップマネジメントの統括の下，企業活動の全社的統一が図りやすい。

③ 短　所

1）企業が大規模化すると，現場と意思決定のポイントであるトップとの距離が離れ，現場の状況に則した迅速な意思決定が困難になる。

2）統一的な評価基準の設定が困難なため，職能間の業績比較がしにくい。

3）各管理者は，通常1つの職能のなかでキャリアを積んでくるため，全社的な視野に欠ける場合が多い。

これらの長・短所があるため，職能別組織は外部環境が安定し，単一市場に対して単一製品を生産する比較的小規模の企業に向いている。ただし大企業であっても，あまり多角化がされていない企業は職能別組織をとることが多い。

＊注１　集権的組織とは，組織活動に関する決定権限がトップマネジメントに集中する組織のことをいう。

＊注２　専門化の利益とは，各人が作業を分割して専門的・継続的に担当することで，作業に関する技能や熟練度が増大して，活動が能率的になるという効果のことをいう。

＊注３　規模の経済性（エコノミック・オブ・スケール。規模の利益ともいう）とは活動規模の増大にともなって，単位あたり製造コストが低下するという効果のことをいう。いわば大量生産のメリットのことである。

（2）事業部制組織

①　意　義

事業部制組織とは，製品別・地域別・顧客別などの部門化の基準を採用し，独自の利益責任をもつ事業部を設け，事業部に対して分権化をおこない，それぞれの部門（事業部）の内部を職能別に部門化して自己充足的な活動単位とした組織であり，1920年代にアメリカのデュポン社がはじめて採用したことで知られている＊注４。一般に，各事業部は，トップマネジメントに対し利益責任を負う利益責任単位（プロフィット・センター。ただし，次ページの〈参考〉「事業部制組織における権限委譲」を参照のこと）となっている。事業部が利益責任を果たすためには，各事業部長に対して担当事業に関する大幅な権限の委譲がなされることが必要となるため，事業部制組織は一般的に**分権的組織**＊注５になる。

経営多角化などにより企業の取り扱う製品の種類が増えると，職能別組織を採用している場合，部門間の調整が著しく難しくなる。それと相まって，調整をおこなう経営トップの負担も重くなってしまう。これに対し，**事業部制組織を採用すると，調整の困難さを減らせるとともにトップが日常業務の問題から解放され，全社的な意思決定に専念できるようになる**。そのため，複数の製品事業を営む企業は，一般に事業部制組織を採用することが多い。

② 長 所

1）決定権限をもつ者と現場情報との距離が短くなり，現場の状況に則した意思決定が可能になる。

2）トップマネジメントが全社的意思決定に専念できる。

3）事業部ごとの業績評価がしやすい。

4）事業部が独立性をもつために社員の自由度は高まり，モチベーションに貢献する。

5）事業部長が包括的な権限を与えられることで，次世代の経営者としての手腕を磨くことができる。

③ 短 所

1）各事業部に同じような部門・職能が設けられ，資源の重複が生じる。

2）各事業部の独立性が強いため，全社的統一性を欠くおそれがある。セクショナリズムが生じやすい。また，事業部をまたがるような総合的な製品や新しい技術への対応が難しくなる。

＊注4　日本の大企業で1930年代という早い時期に事業部制組織を採用したのは松下電器（現パナソニック）である。

＊注5　分権的組織とは組織活動に関する決定権限の一部が下位の各部門に委譲され，部門ごとに一定の自主性をもった組織のことである。

〈参考〉事業部制組織における権限委譲

事業部制組織は，基本的には本社と事業部からなるが，本社がどの程度事業部に対して権限委譲をおこなうかの程度は企業によって差異があり，その程度に応じて事業部はプロフィット・センター（利益責任単位）とインベストメント・センター（投資責任単位）に大別される。

プロフィット・センターとは，どちらかといえば本社に一定以上の権限が保持される場合（より集権的な場合）の事業部制組織における事業部のことを意味する。この場合には各事業部は製品・サービス・地域・顧客などに関する売上や利益に責任を負い，経営資源の管理や研究開発などは本社が管理することになる。一般に日本企業の事業部制組織は本社に権限が大きく残っていることが多くプロフィット・センターやコスト・センター（プロフィット・センターよりもさらに権限委譲がなく，コスト面に関してのみ責任を負う場合の事業部などの部門）であることが多い。

インベストメント・センターとは，事業部に対する権限委譲が最も進んだ場合（より分権的な場合）の事業部制組織の事業部のことを意味する。この場合には各事業部は，製品・サービス，地域・顧客などに関する利益責任だけでなく，設備・人的資源などの経営資源の管理や研究開発（R&D）の管理等についても責任を負い，あたかも独立した企業のように扱われる。一般に米国企業の事業部制組織では事業部がインベストメント・センターであることが多い。

一般に，事業部制組織では各事業部に配分した資源がどれだけの利益を生み出したかという投資利益率（ROI）を中心として評価されるが，インベストメント・センターの場合には株主資本利益率（ROE）によって評価されることもある。

〈参考〉社内振替価格制度と忌避宣言権

事業部制組織では，事業部間の社内取引において，社内振替価格制度と忌避宣言権の原則という制度を導入して市場の価格メカニズムを企業内部に導入していることがある。

社内振替価格制度は，事業部間の取引に適用される振替価格であり，市場価格などに基づいて決定される。**忌避宣言権の原則**とは，たとえば，何らかの部品を他の事業部から購入するよりも社外から購入したほうが安価な場合，社内の取引を拒否して社外から購入することができる権利をいう。

社内の事業部間の取引に社外の企業を相手とした競争原理を働かせることにより，より効率的な事業部の運営がなされると期待されている。

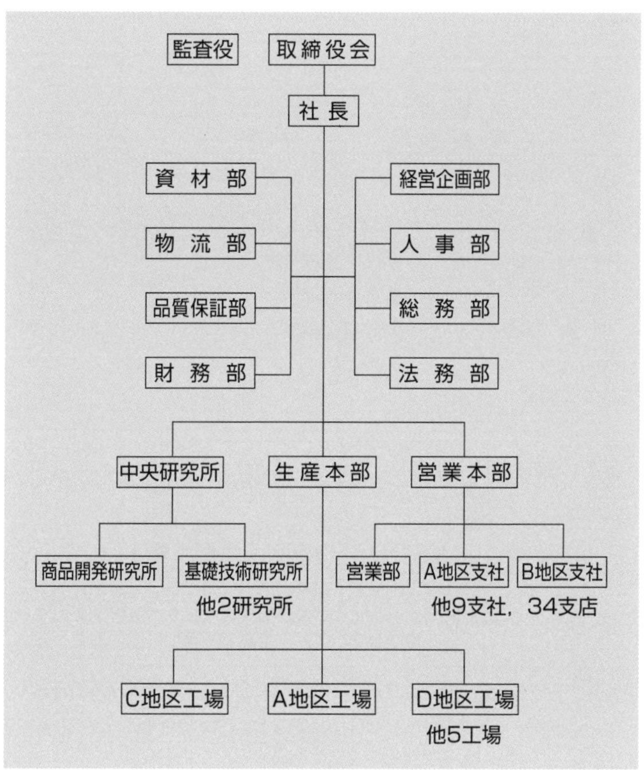
監査役
取締役会
社長
資材部
物流部
品質保証部
財務部
経営企画部
人事部
総務部
法務部
中央研究所
生産本部
営業本部
商品開発研究所
基礎技術研究所
他2研究所
営業部
A地区支社
B地区支社
他9支社，34支店
C地区工場
A地区工場
D地区工場
他5工場

［職能別組織（例）］

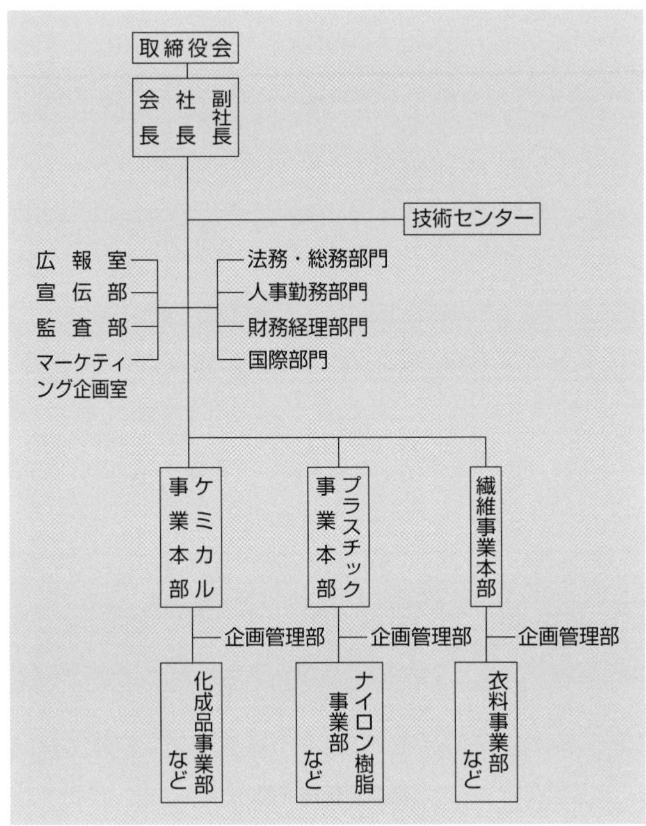

[事業部制組織（例)]

（注）上図の組織形態は正確には後述する事業本部制組織である。

ポイント整理

1 経営組織の基本構造

(1) ライン組織

命令系統一元化が図られた組織

(長所) 命令系統の一元化ゆえ，組織の規律・秩序の維持が容易

(短所) 管理者の負担が過重

(2) 機能式組織

管理職能を専門化した組織。テーラーの考案した職能別職長制をベースにしている。

(長所) 管理者の負担が軽減される

(短所) 命令系統の多元化ゆえ，組織内に混乱が生じやすい

(3) ライン・アンド・スタッフ組織

ライン部門を中心に据え，それを支援するものとしてスタッフ部門を配置した組織。命令系統の一元化と管理者の負担軽減との両立が図られた組織

ライン部門…製造，営業，仕入など企業の活動に必要不可欠な部門

スタッフ部門…企画，経理，人事などライン部門に助言やサービスを提供する部門

2 経営組織の形態

(1) 職能別組織

職能（購売・製造・営業など）ごとに部門化を図った組織。通常，集権的組織となる。

(長所) ●専門化の利益，規模の経済性

●全社的統一が図りやすい

（短所）●意思決定の遅れ（特に組織が大規模化すると）
●部門ごとの業績評価が困難
●全社的視野をもった管理者の育成が困難

（2）事業部制組織

製品別・地域別などに部門化し，それぞれの部門（事業部）を利益責任単位とした組織。通常，分権的組織となる。

（長所）●迅速かつ弾力的な意思決定
●トップが全社的意思決定に専念できる
●事業部ごとの業績評価が容易
●社員のモチベーションに貢献

（短所）●資源や活動の重複による無駄の発生
●全社的統一が図りにくい
●複数の事業部にまたがる問題への対応がしにくい

[職能別組織と事業部制組織]

職能別組織	長所・短所	事業部制組織
○	経営資源の共通利用	×
○	規模の経済性	×
×	迅速，柔軟な対応	○
×	モチベーション，経営者育成	○
×	業績評価	○

Exercise

問題① 事業部制組織に関する次の記述のうち，妥当なものはどれか。

1 市場規模が拡大して単一製品を大量に製造・販売するようになると，企業組織の各職能部門が巨大になり，従来の職能部門別組織（職能別組織のこと）では適切に管理できなくなる。その結果，事業部制組織が登場した。

2 事業部制では，事業部が製品別や地域別に構築されてその活動に必要な種々の職能部門を自己完結的に抱えることになるため，企業組織全体からみれば，職能別組織に比べて集権化の度合いが高いといえる。

3 事業部制では，各事業部の自律性が高いため，各事業部間の調整機能が適切に働かないと，複数の事業部にわたる技術革新の推進に困難を来すことがある。

4 事業部制は，トップマネジメントの管理負担を軽減するため，企業の長期的ないしは戦略的意思決定の権限を各事業部に委譲する狙いがある。

5 事業部制組織は，歴史的には，1970 年代の米国の鉄道業で採用されたのが始まりであるといわれている。

解説

1 誤。チャンドラーの研究結果によれば，事業部制の登場は企業が複数事業を同時に営むようになったことを契機としている。

2 誤。職能別組織と比較して，分権化の度合いが強いのが事業部制の特徴である。

3 妥当な記述である。この問題点を解決するために，企業はプロジェクト組織を編成したりするのである（次節参照）。

4 誤。長期的ないし戦略的意思決定をおこなうのは，事業部制においても，基本的にはトップマネジメントの仕事である。事業部制は，トップマネジメントの負担軽減のため，日常業務に関する意思決定の権限を大幅に各事業部に委譲した組織形態である。

5 誤。事業部制組織は歴史的には 1920 年代のデュポン社が最初に採用したといわれている。

解答 3

問題②　経営組織に関する次の記述のうち，妥当なものはどれか。

1 ライン組織（直系式組織ともいう）は，オッターソンが考案した組織で，命令の一元性よりも専門化を重視したものである。

2 事業部制組織は分権管理の典型例で，事業部は広範な自主性をもち，トップマネジメントに対し利益責任を負う独立採算単位である。

3 機能式組織は，命令一元性の原則を貫徹した組織で，規律の維持が容易であるという特徴をもち，現代の代表的経営組織形態の１つである。

4 ライン・アンド・スタッフ組織は，縦と横の２つの権限の流れによって，格子状の分業関係を展開する組織である。

5 職能別組織は，管理者の負担の軽減のために，管理職能を分業化した組織形態であり，テーラーの考案した職能別職長制組織を基礎として開発されたものである。

解説

1 誤。ライン組織は，命令の一元化に特徴がある。なお，オッターソンの開発した組織は直系機能式組織である。

2 妥当な記述である。

3 誤。機能式組織は命令の一元化を放棄した組織である。

4 誤。この記述は，マトリックス組織についてのものである。

5 誤。この記述は，機能式組織についてのものである。

解答　2

重要度
★★★

2 その他の経営組織の形態

企業活動においては，つねに一定の仕事のみに従事していれば事足りるということはありません。また，組織の活性化のための方策も必要です。本節ではそういった際に企業がどのような活動を通じてその展開を図っていくか，その代表的な事例を検討します。

現代の大企業は複数の製品事業を営んでいることが多く，そういった企業は基本的に事業部制組織を採用している。しかし，前述したように事業部制組織にはいくつかの欠点があることも事実である。その欠点を解決するために組織構造上の工夫が施されることになる。また，近年ではさまざまな新しい組織の形態が生まれており，それらをみていくことにしたい。

1．プロジェクトチーム

プロジェクトチームとは，**特定のプロジェクトを解決するために臨時に編成される小組織**（**チーム**）であり，タスクフォースともよばれる。ここでいう特定プロジェクトとは，いくつかの部門（事業部）に関連する新製品・新事業の開発や，全社的な経営合理化問題など，部門の枠を超えた協力体制が必要となる課題を意味する。そのためチームの編成にあたっては，**各部門から問題解決に適した専門家が集められる**ことになる。

プロジェクトチームの編成により事業部間の円滑なコミュニケーションが図られ，セクショナリズムの打破や環境変化への柔軟な対応が可能となる。なお，この組織は**あくまで臨時の組織であるから，プロジェクトが完成すればチームは解散し**メンバーは元の部門に戻っていく。

2．マトリックス組織

（1）意　義

マトリックス組織とは，製品別と職能別あるいは製品別と地域別というように，**縦と横の二元的な命令系統を同時的に採用した組織**である（マトリックスは「行列」の意味）。臨時的なプロジェクトチームに対して，横の調整機能を公式化・恒常化したものである。歴史的には，1960年代にアメリカの航空宇宙産業で最初に採用されたとされる。

(2) 長　所

たとえば，製品別の部門化基準に職能別の部門化基準を加味することで職能ごとの綿密な調整が図られ，事業部間で経営資源の重複が発生するという事業部制組織の欠点を是正することができる。

(3) 短　所

その一方で，マトリックス組織では，中間管理者以下の層が2つの部門に属して2方向からの命令を同時に受けることになる（ツー・ボス・システムとよばれる）ため，指揮命令系統が混乱する，権力闘争が起こりやすい，複数の意思決定の必要性から意思決定が遅れやすい，などの短所が指摘されている。

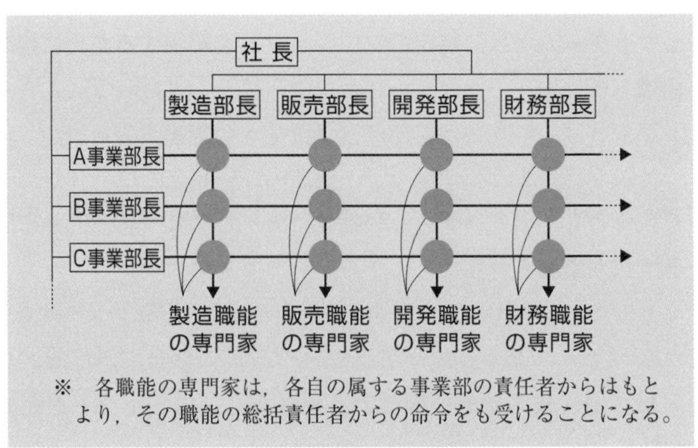

[マトリックス組織]

3．SBU（Strategic Business Unit：戦略事業単位）

経営環境の変化により，事業部間にまたがった新しい戦略的に重要な事業などが生じ，それが企業の成長・存続に重大な影響を与えるときがある。こうした戦略的に重要な事業の単位をSBUとよぶことがある。事業部制組織は日常業務の効率的遂行を主目的として編成されており，各事業部の独立性が高いため，SBUの遂行は向いていない。事業部の戦略的方向性を修正する必要があるとき，**戦略的に重要な事業を遂行するために，特に設けられる組織単位をSBU**という。戦略的計画が事業部間にまたがるときは経営者等の下にSBUが設けられ，その新しい事業に関する戦略的計画の樹立と各部門の戦略的調整をおこなう。

4．事業本部制組織

事業本部制組織とは，**複数の比較的関連性の高い事業部を統括するために設置される組織形態である**。事業部制組織の修正型の組織形態であり，日本の企業では比較的よく導入される組織形態である。

1つの事業を関連する分野に多角化していった場合，事業部の規模が拡大するため1つの事業部を複数の事業部に分割することがある。この場合，元来1つの事業部であった複数の関連する事業部は，顧客や技術などに関して共有する部分が大きくなる。また，複数の関連する事業部において発生する研究開発などが，どの事業部の利益責任の下で管理されるべきかなど問題が生じる。こうした問題点を解決するために導入されるのが事業本部制組織である。

事業本部では関連性の深い複数の事業部を統括し，それらの事業部にまたがって発生する研究開発などを管理する。事業本部では単なる収益性だけでなく事業本部全体の観点から下部にある事業部間の調整をおこなう。

5．持株会社

持株会社とは，他の会社の株式を保有している会社のことをいい，理論的には，**事業持株会社**と**純粋持株会社**とに区別される。**事業持株会社**とは何らかの事業をおこないつつ，他の会社の株式を保有している会社のことをいい，**純粋持株会社**とは何ら事業をおこなわずに，他の会社の株式を保有し支配権を確立しているような会社をいう。

戦前の日本には，三井や三菱といった**財閥**が存在したが，こうした財閥にお

経営組織論

いては，三井は三井家，三菱は岩崎家といった特定の同族が出資する純粋持株会社が財閥本社注1として，財閥内の企業の支配をおこない，コンツェルンを形成していた注2。

その後，戦後GHQのおこなった財閥解体の一環で，1947年に純粋持株会社の設立は独占禁止法により禁止されることとなり，以後長らく日本では純粋持株会社は存在していなかった。

しかし，**1997年に純粋持株会社の設立は解禁**され，多くの企業が合併の過程や事業の再編成などの目的で純粋持株会社制度を利用している。特に，金融機関の再編成では純粋持株会社が利用されることが多い。

純粋持株会社制度の利用により，迅速かつ円滑な事業再編成の進行，より厳格な利益管理などの目的が達成できると考えられている。

＊注1　財閥本社は，三井は三井合名会社，三菱は三菱合資会社，住友は住友合資会社という会社であった。

＊注2　なお，日本の歴史上最初のコンツェルンの形成は三井財閥である。1909年頃から三井11家の出資による三井合名会社の設立により形成された。

6．カンパニー制

カンパニー制とは，**事業部よりも独立性や自律性を高めた組織を本社の下に配置する組織形態**をいう。カンパニー制は法律上の概念ではないため実際の利用形態はさまざまであるが，以下のような特徴がある。

第一に，カンパニー制ではその長は，事業部制における事業部長よりも幅広い権限を委譲されることが一般的である。

第二に，カンパニーごとに厳格に資金や資産を割当て，利益責任だけでなく資産の管理に関しても責任を負わせる。

いずれにせよ，事業部よりも自律性を高めた組織のことをカンパニー制とよぶ。

カンパニー制は日本では**ソニーが1994年にはじめて導入**し，その後さまざまな企業で導入されている。ソニーでは従来採用していた事業本部制が細分化されすぎて，市場の変化に対応しきれないという問題点があったため，1994年の組織改変で市場別に8つのカンパニーに再編した。各カンパニーでは内部の擬似的な資本金が割当てられ，カンパニーの長たるプレジデントの決裁権限は5億円（事業本部制当時）から10億円に拡大した。

7．分社化

分社化とは，**会社の事業部などを本体から切り離して法律上独立した会社にすること**をいう。そのなかでも，独立元から出資などを受けて独立し，その後も子会社になるなど，資本関係を維持する**スピン・オフ**や，元の企業との資本関係がなくなり，完全に独立した企業となる**スピン・アウト**など，いくつかの形態にわけられる。

分社化によって，速やかな事業の再編成などの効果があると考えられている。

8．ネットワーク組織

ネットワーク組織とは，**複数の独立した企業が緩やかな形で結合した形態**をいう。

ネットワーク組織では，各企業は自立した対等的な関係を構築しつつ，目的に応じてネットワーク構成企業が柔軟に結びつき，目的を達成する。従来の企業系列や子会社関係にみられるような垂直的な企業間関係と対照的な組織の結合関係である。

9．バーチャル・コーポレーション

バーチャル・コーポレーションとは，直訳すれば，「**仮想企業**」のことであり，複数の個人や企業が提携してビジネスをおこない，あたかも，1つの企業のようなネットワークを構築している状態をいう。

近年では情報通信技術の発展により，たとえば，遠隔地にある個人や企業が結合し，バーチャル・コーポレーションを構築していることがある。

また，**フランチャイズ**はある種のバーチャル・コーポレーションということができる。

ポイント整理

1 プロジェクトチーム

部門の枠を超えた協力体制が必要とされるような，特定のプロジェクトを解決するために臨時に編成される小組織（チーム）である。

事業部にはびこるセクショナリズムの打破や，柔軟な環境適応に有効である。

2 マトリックス組織

製品別と職能別あるいは製品別と地域別というように，縦と横の二元的な命令系統を同時的に採用した組織である。

（長所）事業部間で経営資源の重複が発生するという事業部制組織の欠点を是正することができる。

（短所）① 指揮命令系統が混乱する。
② 権力闘争が起こりやすい。
③ 複数の意思決定の必要性から意思決定が遅れやすい。

3 SBU

事業部にまたがった新しい事業の発生→ SBU

4 事業本部制組織

関連性の高い複数の事業部を統括するために置かれる組織である。

5 持株会社

- 事業持株会社…事業＋株式保有
- 純粋持株会社…株式保有のみ→ 1997 年解禁

6 カンパニー制

カンパニー制とは，事業部よりも独立性や自律性を高めた組織を本社の下に配置する組織形態をいう。ソニーが最初。

7 分社化

分社化とは，会社の事業部などを本体から切り離して法律上独立した会社にすること（スピン・オフやスピン・アウト）。

8 ネットワーク組織

ネットワーク組織とは，複数の独立した企業が緩やかな形で結合した形態をいう。

9 バーチャル・コーポレーション

バーチャル・コーポレーションとは，複数の個人や企業が提携してビジネスをおこない，あたかも，1つの企業のようなネットワークを構築している状態をいう。

Exercise

問題　マトリックス組織に関する次の記述のうち，妥当なものはどれか。

1 マトリックス組織は，H・ファヨールが主張したような命令の多元性の原則に従って，多元的な命令系統のもとに職務を統括する。開発，製造，販売などの職能別系統の管理者とプロジェクト別系統の管理者によって職務が二元的に統括されるために，ツー・ボス・システムともよばれる。

2 マトリックス組織は，1920 年代にアメリカの鉄道産業を皮切りに大企業で採用されたが，特定のプロジェクトを遂行する際に職務相互間の調整を容易にするために考えられた管理機構であり，効率的な経営諸資源よりもプロジェクトの目的達成が優先されるときに適合する。

3 マトリックス組織は，タスクフォースやプロジェクトチームなどの臨時的に導入された組織横断的なプロジェクト組織を，組織全体にわたって，しかも定常的に採用しようとする管理機構である。この意味でマトリックス組織は，プロジェクト組織の発展形態といえる。

4 マトリックス組織は，環境が安定なときに適合的なライン・アンド・スタッフ組織と，環境が複雑で不安定なときに適合的な官僚制組織を組み合わせた管理機構であるから，ライン・アンド・スタッフ組織や官僚制組織よりも非常に効率的である。

5 マトリックス組織の大きな利点の1つは，管理者の権限と責任が重複しているために，意思決定を1人の管理者の責任でおこなうことができず，管理者の間で権力の分散が図られ妥協が容易になる結果，意思決定が迅速におこなわれるようになることである。

解説

1 誤。ファヨールは，命令一元化の原則を提唱した。それ以外の記述は妥当である。

2 誤。一般にマトリックス組織は，1960 年代のアメリカの航空宇宙産業で始まったといわれる。

3 妥当な記述である。

4 誤。官僚制組織は，環境が安定しているときにこそ適合的といえる。またマトリックス組織は，ライン・アンド・スタッフ組織と官僚制組織とを結合させた組織とはいえない。

5 誤。複数の命令系統からの指示を勘案しつつ意思決定しなければならないため，通常，マトリックス組織においては，意思決定が遅れやすいという欠点がある。

解答　3

3 組織設計の理論

本節では，再び組織に関する学説史を検討し，これまでの節を補完します。これまでの歴史認識なくしての本質的な理解は不可能だからです。

前述のように，企業の組織構造にはさまざまな種類がある。企業は，そのなかからいかなる観点をもって，組織構造を選択し設計しているのであろうか。以下では，企業の組織構造の選択・設計に関するいくつかの学説を検討していく。本節は，第２章の経営管理学説と組み合わせて出題されることが多い論点である。

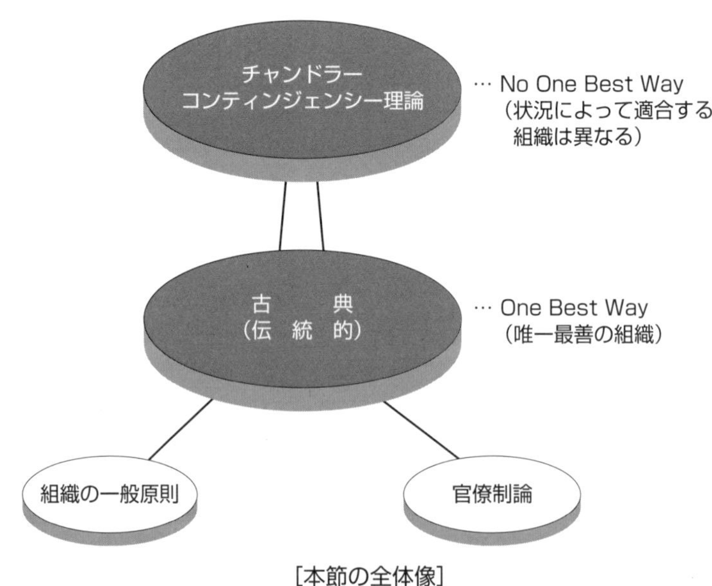

［本節の全体像］

1．古典的（伝統的）組織理論

組織に関する一般原理に基づいて組織設計をおこなえば，どのような状況の下でも組織目的の達成に適合する組織を作ることができる。これが古典的組織理論の骨子である。

（1）組織の一般原則

組織の一般原則とは，前出のファヨールをはじめとする論者が唱えたいくつかの経験則を指し，具体例として以下のようなものがある。

①　命令一元化の原則

命令一元化の原則とは，組織メンバーはつねに1人の上司からのみ命令を受けなければならないとする原則である。

②　責任・権限の原則

責任・権限の原則とは，組織の各階層には権限とそれに応じた責任がともなうという原則である。

③　専門化の原則

専門化の原則とは，分業の原理のことで，1つの仕事を分割して，各作業者に単純な作業を専門的に担当させることで作業能率を高められるという原則である。

④　統制の幅原則（スパン・オブ・コントロール。管理の幅原則などともいう）

統制の幅原則とは，1人の管理者が有効に指揮監督できる部下の人数には，一定の限界があるという原則である。

⑤　例外の原則

例外の原則とは，**委任の原則**ともいい，日常反復的な意思決定については下位に委譲し，経営トップは例外的・非定型的な意思決定に専念すべきとする原則である。

（2）官僚制論

古典的組織理論の1つに，マックス・ウェーバー（M. Weber）の官僚制論がある。

①　ウェーバーの支配の類型

- 伝統的支配…身分などにより与えられる権威に基づいた支配。
- カリスマ的支配…ある人物の魅力や天才的な能力に人々が従うというもの。
- 合法的支配…法律や規則に基づいた支配を意味する。

官僚制組織とは，このうちの合法的な支配をおこなう合理的な組織のモデルを指す。

②　官僚制組織の特徴

官僚制組織の特徴としては，次のような点が挙げられる。

- 職務の専門化をおこない，職務分野ごとに専門家による管理をおこなう。
- 権限・責任を各職位に対して与え，権限の遂行にあたって私情が入ることを極力排除している。
- 各人の権限・責任は，組織規則として**文書化・明確化**されることで確保される。

ウェーバーは，上記の特徴を有する官僚制組織を，権限の遂行において各人の主観的利害が混入することを避けて大規模組織の合理的・客観的な運営を可能にした，最も効率的な組織形態であると考えていた。

③　官僚制の逆機能現象

官僚制の逆機能現象とは，本来は合理的な組織モデルである官僚制が，かえって非効率的になるような現象のことである。官僚制の逆機能現象は，1940年代から50年代にかけて，マートン（R. K. Merton），グールドナー（A. W. Gouldner），セルズニック（P. Selznick）らが主張した。具体的には以下のような現象が挙げられる。

1）形式主義（原則主義。レッドテープともいう）

形式主義とは，規則の遵守が強調され，規則の遵守それ自体が目的と化してしまうような現象のことである。たとえば形式的な手続きの遂行のみに終始し，融通が利かなくなるような状況のことである。

2）事なかれ主義

事なかれ主義とは，責任回避のために例外的・革新的な行動を回避してしまうような現象のことである。官僚制組織では，規則の遵守が各人の責任と結びついているため，このような現象が起きると考えられる。

3）セクショナリズム

セクショナリズムとは，官僚制組織における職務遂行能力を高めるための部門別の専門化と権限委譲が自分の所属する部門の利益を優先させるという行動につながり，部門間で対立が生まれるような現象のことである。

4）員数主義

員数主義とは，組織のメンバーが現実を糊塗してつじつま合わせをし，上司や企業トップに対して都合のよい情報だけを報告するような現象のことである。トップが理想ばかりを追求し，現場を見ようとしない場合に起こりやすい。

こういった官僚制の逆機能現象は，特に競争の圧力を受けない組織（たとえば官公庁）や，組織が肥大化しすぎた大企業で生じやすいものといえる。

2．チャンドラー（A. D. Chandler, Jr.）の研究

チャンドラーは，その著書『経営戦略と組織』（1962）において，企業によって成長の仕方は異なり，それぞれの成長の仕方に応じて組織構造が設計されることを明らかにし，「**組織は戦略に従う**」という命題を提唱した。これはチャンドラー命題と呼ばれている。

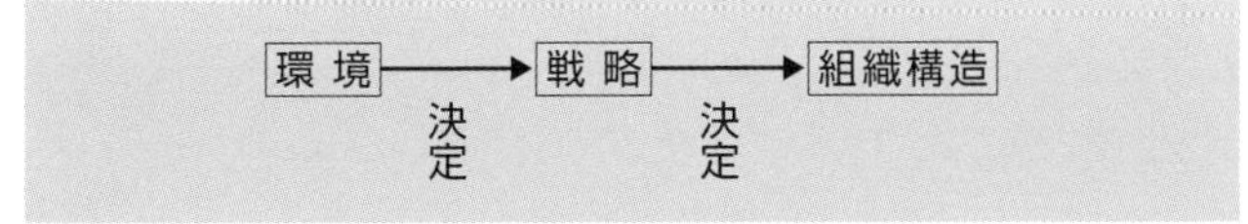

[チャンドラー命題]

チャンドラー命題では，企業を取り巻く環境（諸条件）が，それに適した企業の戦略を決定し，企業の戦略が決まると，それに適した組織構造が決定されると考えられる。したがって「組織（構造）は戦略に従って決定」される。

具体的には次のようになる。

① 企業の量的拡大は，1つの地域で単一職能を担当する管理部門を新たに必要とし，さらに企業が地域的に分散すれば，各地方に散在する多くの工場や営業所を管理するための部門が必要となる。

② 企業が新職能分野へ進出すれば，組織構造は複数の職能ごとの部門から構成される職能別組織となる。

③ さらに企業が大規模化し，製品多角化を採用したり，全国的あるいは国際的な規模拡大をめざす場合には，事業部制組織が選択される。

チャンドラーは経営史の研究者であり，経営戦略と組織構造との関係についてのこの命題を，デュポン，GM，スタンダード・オイル，シアーズ・ローバックという4社の組織改革の歴史の比較分析を通して示したのである。つまり，経営戦略の違いによって，必要とされる組織構造が違ってくるということを示した。

さらにチャンドラーは，これらの企業以外にも，事業部制を採用していない産業（鉄鋼，非鉄金属など），一部採用している産業（ゴム・石油など），広く採用している産業（電機，自動車，化学など）についての研究を進め，戦略が組織構造を規定するという命題の一般化を試みた。

3．コンティンジェンシー理論

組織構造を選択する必要はないとした古典的組織理論に対し，コンティンジェンシー理論では，環境が異なれば有効な組織形態も異なるとし，企業が直面している**環境に適合的な組織構造**の選択の必要性を主張する。このようなコンティンジェンシー理論＊注は1960年代頃から始まり，代表的な研究者には，バーンズ（T. Burns），ストーカー（G. M. Stalker），ウッドワード（J. Woodward），ローレンス（P. R. Lawrence），ローシュ（J. W. Lorsch）らがいる。

＊注　コンティンジェンシー理論は条件適合理論，状況適合理論と訳すこともある。

(1) バーンズ=ストーカーの研究

バーンズとストーカーは，英国の企業の研究から，組織には「**有機的組織**」と「**機械的組織**」があることを指摘した。それぞれの組織の特徴は，次のとおりである。

〈有機的組織と機械的組織の主な特徴〉

有機的組織	機械的組織
・各自の専門的知識や経験が，組織の共通の仕事に貢献できるような組織 ・組織の全体的な状況から，各人の仕事が現実的に設定される ・縦よりも横のコミュニケーションが頻繁であり，上下間のコミュニケーションも命令よりもむしろ助言・相談である ・上司への忠誠心や服従よりも，企業全体の成長・発展に対する責任が重視される	・組織の活動は職能的に専門化されている ・メンバー各人が，企業全体の目的よりも技術的効率化を追求する傾向にある ・権限と責任は職位に付く ・経営の諸問題についての知識が経営トップに集中し，縦の命令権限が強く，階層構造が強化されている ・上司の指示や決定によって活動が支配され，組織への忠誠心や上司への服従が重視される

有機的組織は，権限が十分委譲され，コミュニケーションが大幅に用いられている流動的で柔軟性の高い組織であり，不安定で変化の激しい企業環境において適合的である。

機械的組織は，伝統的組織原則が想定しているような文書コミュニケーションが用いられ，ラインとスタッフが明確に区別される官僚制組織であり，安定した企業環境下では有効である。

(2) ウッドワードの研究

ウッドワードは，英国の企業約100社に対する研究から「**技術が組織構造を規定する**」という命題を提唱した。

企業のもつ技術システムを技術の高度化の度合いによって，単品生産システム（注文服など），大量生産システム（自動車など），装置生産システム（石油精製など）の3つに分け，これと組織との関係を調査した。

その結果として，第一に，企業が技術度の中位に位置する大量生産システム

経営組織論

をもつ場合，機械的組織が適合的であること，第二に，技術度の両極にある単品生産と装置生産では，職務の範囲が柔軟で弾力性の高い有機的組織が有効であること，を明らかにした。

（3）ローレンス＝ローシュ（P.R. Lawrence，J.W. Lorsch）の研究

ローレンスとローシュは，プラスチック産業，コンテナ産業，食品産業のそれぞれに属する企業に対する調査を実施して，次のことを明らかにした。

同じ企業でも，製造・営業・研究開発といった各部門はそれぞれに異なる環境に直面しており，各部門ごとに，効果的な管理の仕方やリーダーシップ・スタイルなどが異なるという「**分化**」が生じている。

激しい環境に直面している企業ほど「分化」も大きくなっており，安定した環境下にある企業では「分化」は比較的小さい。

また，「分化」から生じるコンフリクト（対立，あつれき）を解決するため，有効に「**統合**」している企業ほど，業績を上げている。

ここで「統合」とは，環境の要求に応じるために必要となる部門間の協力のことであり，部門間の「分化」が大きくなるほど「統合」は困難になるので，「統合」に向けて部門間のより緊密な協力・調整が必要となるのである。

〈参考〉ポスト・コンティンジェンシー理論

コンティンジェンシー理論では組織が直面する環境条件によって適合的な管理は異なると考え，「唯一最善の管理」を否定し，1970 年代に急発展した。

しかし，こうしたコンティンジェンシー理論の考え方は，受動的，静態論的，環境決定論であるとチャイルド（J. Child）などから批判を受けた。なぜなら，コンティンジェンシー理論では，組織は環境変化に受動的に適合すると考えられているが，現実の組織は環境に対してより能動的に働きかけ，適合を図る存在であるからである。

こうした組織の能動的・主体的な環境適応に焦点を当てて 1980 年代以降発展した理論はポスト・コンティンジェンシー理論とよばれている。

ポイント整理

1　古典的（伝統的）組織理論

組織設計の一般原則に基づけば，最適な組織が設計できるとする理論

(1) 一般原則
- 命令一元化の原則
- 責任・権限の原則
- 専門化の原則
- 統制の幅原則
- 例外の原則

(2) 官僚制論（M・ウェーバー）

- 官僚制組織

  血縁やリーダーの個性などといったことからの影響を受けない，合理的な管理を可能とする組織モデル

- 特徴

  職務の専門化，管理の階層化，命令系統の一元化，役割・責任・権限の明確化

- 官僚制の逆機能

  手段の目的化による合理的な活動の阻害

  形式主義，事なかれ主義，セクショナリズム，員数主義などが具体的現象

2　チャンドラーの研究

デュポン，GM，スタンダード・オイル，シアーズ・ローバックの4社の組織改革の歴史的な比較分析の実施

↓

- 命題「組織は戦略に従う」の提唱

  単一製品の生産量拡大　→　職能別組織の採用

  製品多角化戦略の展開　→　事業部制組織の採用

経営組織論

3 コンティンジェンシー理論

企業は自身が直面する経営環境に合わせて，その組織構造を設計する必要があるとする理論

(1) バーンズ＝ストーカーの研究

- 企業組織は有機的組織と機械的組織とに大別できる
- 変化の激しい環境下では有機的組織が適合的
- 安定的な環境下では機械的組織が適合的

(2) ウッドワードの研究

- 生産技術の複雑さの程度による分類（a 単品生産，b 大量生産，c 装置生産）
- b については機械的組織が，a，c については有機的組織が適合的

(3) ローレンス＝ローシュの研究

- 企業は組織全体としてではなく，各部門ごとに異なる環境状況に直面している。
- 変化の激しい環境に直面する企業ほど「分化」が大きい。
- 「分化」の程度が高く，しかもそれを有効に「統合」している企業ほど高い業績を上げている。

これらの研究例からもわかるように，コンティンジェンシー理論は，環境の不確実性と，それに適した組織形態との関係を見いだすという点で成果を上げてきたが，その議論はもっぱら実証研究に基づくものであったために，そこで「命題」とよばれているものの大部分は，実は，単に調査結果からの推論として引き出されたものにすぎない。

Exercise

問題　経営組織に関する次の記述のうち，妥当なものはどれか。

1 A・D・チャンドラーは，デュポン，GMなどの大企業の組織改革の歴史についての研究の結果，「組織は戦略に従う」という命題を提唱した。彼によれば，企業が多角化戦略を採用するとその組織形態は通常事業部制に移行する，ということになる。

2 古典的組織理論においては，いくつかの組織設計に関する一般原則が提唱されているが，管理の効率性を高めるためには指揮命令系統を多元的にするべきという，命令多元化の原則もその1つである。

3 M・ウェーバーは，企業組織の合理的な運営のための組織モデルとして官僚制を提唱したが，同時に彼は，官僚制の問題点についても論じている。その1つが，規則の遵守を強調するあまり，本来目的達成のための手段であった規則それ自体を守ることが目的となってしまうという，「目標の転移」という現象である。

4 J・W・ローシュは，そのコンティンジェンシー理論において，企業の組織設計の際には，命令一元化の原則にのっとった設計をしなければならないと主張した。

5 J・ウッドワードは，組織を有機的組織と機械的組織の2種類に大別した。有機的組織とは流動的で柔軟性の高い組織であり，他方，機械的組織とは組織の一般原則に基づいて設計された組織であり，安定した環境のもとでは有効な組織といえる。

解説

1 妥当な記述である。

2 誤。命令一元化の原則は提唱されているが，命令多元化の原則というものはない。

3 誤。「目標の転移」というのは，R・K・マートンの概念である。ウェーバーは官僚制の逆機能現象については，ほとんど論じていない。またマートンのほかに官僚制の逆機能現象に注目した人物としては，セクショナリズムを指摘したP・セルズニックなどがいる。

4 誤。命令一元化の原則は，前述のように古典的組織理論における概念である。

5 誤。これはバーンズとストーカーの研究についての記述である。

解答　1

第4章

経営戦略論

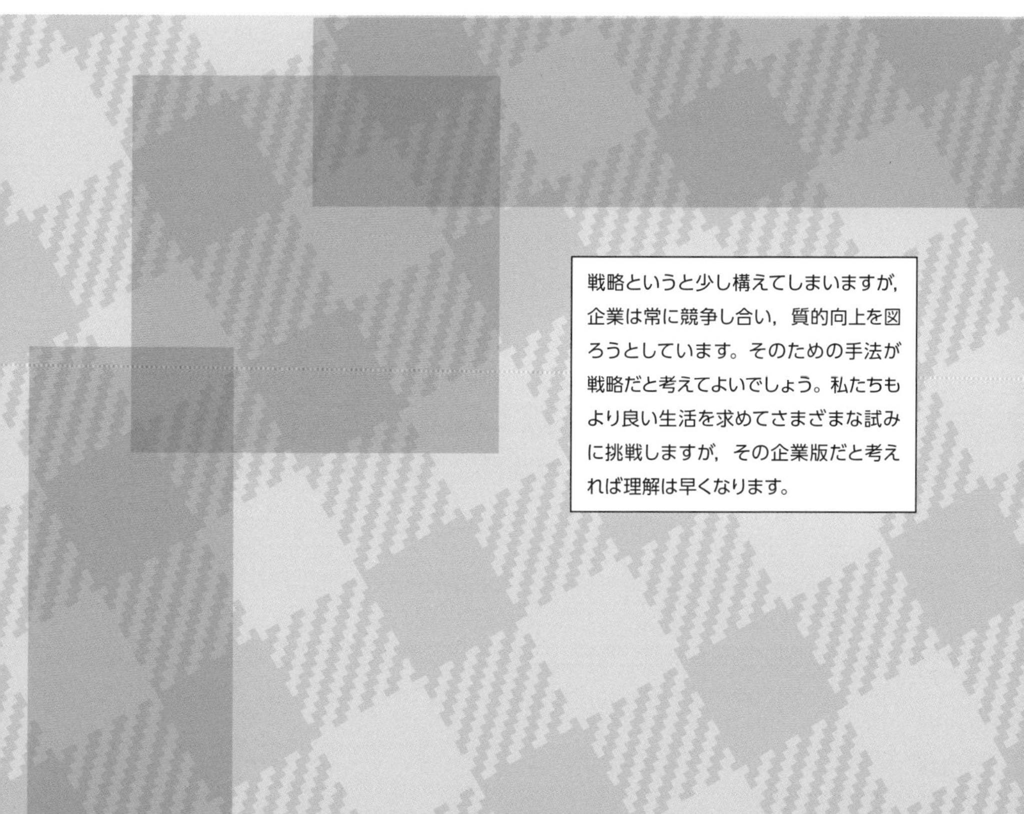

戦略というと少し構えてしまいますが，企業は常に競争し合い，質的向上を図ろうとしています。そのための手法が戦略だと考えてよいでしょう。私たちもより良い生活を求めてさまざまな試みに挑戦しますが，その企業版だと考えれば理解は早くなります。

経営戦略総論・企業戦略

私たちが日常の生活においても，何らかの目標を定めて行動するように，企業にはより厳密にそれが要求され，そして遂行されます。そのために打ち立てるものが戦略です。

1．経営戦略総論

（1）経営戦略の定義

経営戦略論は，1960 年代から 70 年代に確立した比較的新しい研究分野であり，経営戦略とは何かということについてもさまざまな定義が存在し，完全なコンセンサスはできていない。たとえば，アンゾフ[1]（H.I.Ansoff）によれば**「組織の発展プロセスを指導する新しい意思決定ルールとガイドライン」**となる。これら各種の定義から共通項を抜き出すと，経営戦略とは，以下の２つの側面をもつものといえよう。

①　意思決定のルール

企業はつねにさまざまな意思決定を迫られているが，これを行き当たりばったりにおこなったのでは企業経営はうまくいかない。そこで，さまざまなレベルの意思決定を全体として整合させる基本的な方針が必要になる。

②　環境適応のための指針

戦略という基本的な方針が必要なのは，市場のニーズとかライバル企業の行動といった外部環境にうまく適合した意思決定をしないと，企業行動が成果を上げられなくなるからである。その意味で，**経営戦略とは企業が環境適応するための指針なのである。**

1）もしくはアンソフと読む。

（2）経営戦略の構造

ここでは，経営戦略の内容を次のように分類して議論する。すなわち，**企業戦略**（事業構造戦略），**競争戦略**（事業戦略），**機能別戦略**（職能別戦略）である。

①　企業戦略（事業構造戦略）

企業戦略とは，その企業が環境とのかかわりにおいて，**全体としておこなう事業の範囲の決定（事業ドメインの決定）を意味する**。より具体的には，どのような製品・サービスを扱い，それをどういった相手に提供するかの決定である。

②　競争戦略（事業戦略）

競争戦略とは，企業戦略によって決まった事業分野を前提に，そのなかで**他社に対してどのような競争上の優位性を確保するかという戦略**である。つまり，**個々の事業領域**において，どのように他社と競争していくかに関する基本方針の決定である。

③　機能別戦略（職能別戦略）

機能別戦略とは，販売戦略，生産戦略，財務戦略，広告戦略，研究開発戦略など，企業活動に必要な個々の機能ごとの戦略である。全社的に統一した戦略になる場合と，各事業ごとに策定される場合とがある。

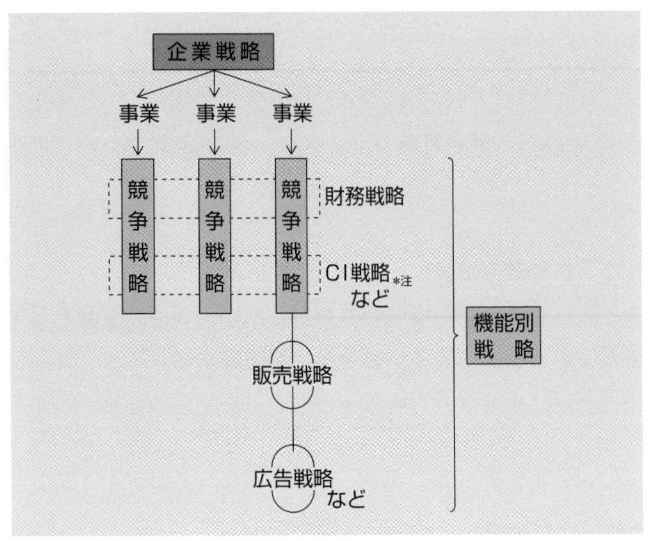

[戦略の分類]

＊注　CIとは，コーポレートアイデンティティのことであり，CI戦略とは，特定の製品ではなく企業自体のイメージ形成をおこないそれを高めていく活動のことである。たとえば競争が激しくなると，製品自体で他社との差別化を図ることが難しいため，企業自体のイメージを高めることが重要となる。

（3）経営戦略展開のための資源獲得

企業が実際に戦略を展開するためには，さまざまな経営資源が必要になる。経営資源とは，**ヒト・モノ・カネ・情報**の4つであり，たとえば新しい製品を開発するための研究開発能力，他社との競争に勝つための生産技術や販売ルートなどのことをいう。

これらの経営資源を獲得するためには，基本的に2つの方法がある。自社独自に作り上げていく方法（**内部成長方式**）と，他社が蓄積した技術やノウハウを利用する方法（**外部成長方式**）である。前者について自社開発を，後者についてM&A，合弁，戦略的提携を考察する。

①　自社開発

自社開発とは，研究員による研究開発，製造現場における生産上の技術やノウハウの開発・蓄積，営業マンによる販売ルートの開拓など，自前で必要な経営資源を獲得するという方法である。なお研究開発は，R&D（Research and Development）とよばれることもある。

自社開発では作り上げた資源は自社だけのものであり，他社に対する強力な武器になる，というメリットがある。

一方で，自社開発には一般に時間がかかり，タイムリーな戦略展開が阻害されるというデメリットもある。

② **M&A**（Mergers & Acquisitions；合併・買収。エム・アンド・エイと読む）

M&A とは企業の合併・買収のことである。

合併…複数の会社が合体し，１つの会社になること。互いに了承し，合意したうえで会社組織を合体させる。

買収…相手企業の株式の過半数を取得して，その企業を実質的に支配下におくことを意味する。

M&A はすでに活動をしている企業の経営資源を利用することを意味するから，他の方法と比較して，**迅速な戦略展開ができる**というメリットがある。

一方で，合併の場合には**組織の融合がうまくいかず権力闘争が起こったり**，買収の場合には**膨大な資金が必要**になるなどといったデメリットも指摘される。

〈参考〉M&A

M&A は試験でも重要性が高いためより詳しくみていくこととしたい。

(1) M&A の分類

M&A は，どのような企業を M&A の対象とするかという観点から水平型，垂直型，多角化型に，M&A をおこなう際に対象企業との同意があるか否かという観点から友好的と敵対的に，分類することができる。

- **水平型 M&A**…同一産業内の企業，すなわち競争相手企業を対象とする M&A
- **垂直型 M&A**…財・サービスの原材料→製造→販売という流れに沿って，川上企業や川下企業を対象とする M&A
- **多角化型 M&A**…コングロマリット型 M&A ともよばれ，基本的に

は無関連な他の産業の企業を対象とするM&A

- **友好的M&A**…相手企業の同意を得ておこなうM&A
- **敵対的M&A**…相手企業の同意を得ないでおこなうM&A

(2) 日本と米国におけるM&Aの特徴

① **日本では，M&Aの大半は友好的M&Aであり，敵対的M&Aがほとんどなかったというのが特徴である。それに対してアメリカでは，**無論友好的M&Aは多いが，1980年代から**敵対的M&Aも急増**している。こうした差異は両国の株式所有構造の違いや社会的な風土の違いが原因である。

② 日本では，株式相互持合による安定株主工作がおこなわれていたため市場に流通する株式が少なく，敵対的買収をおこなうことが困難であった。また，企業の敵対的買収は「乗っ取り」と考えられ，社会的な認知を得ることが困難であった。

③ それに対して，アメリカでは機関投資家や個人などの浮動株主が多く敵対的買収をおこないやすい状況にあった。また，アメリカでは会社は株主のものという風潮が強く，無能な経営者は敵対的買収の脅威にさらされることが当然と考えられ，社会的な認知が得やすい状況にあった。

(3) 日本におけるM&Aの歴史

① 1970年代まで

- M&A自体の件数があまりなかった。理由は株式の相互持合があったため日本では市場に流通している株式自体が少なくM&Aを行う環境が整っていなかったこと等があげられる。

② 1980年代

- バブル経済を背景に外国企業へのM&Aが盛んになった。

③ 1990年代

- 1990年代に入りM&Aの件数が急増した。
- 不況の中でリストラクチャリング（事業再編成）を目的としたり，経営破たんした企業に対する**救済型M&A**が多い。

(4) アメリカにおけるM&Aの歴史

アメリカでは歴史上数回のM&Aのブームがあったといわれている。それぞれの特徴を以下に要約しておく。

①　第一次M&Aブーム（19世紀末～20世紀初頭）

●同じ産業内の企業が過当競争の回避や市場支配を目的としておこなう水平型M&Aが中心であった。その結果，スタンダード・オイル，ゼネラル・エレクトリック（GE）などの巨大企業が誕生した。

②　第二次M&Aブーム（1920年代）

●水平型M&Aに対する規制が強化されていたため垂直型M&Aが中心となった。

③　第三次M&Aブーム（1960年代～70年代）

●多角化型M&Aが多かった。

④　第四次M&Aブーム（1980年代）

●国際的なM&Aや敵対的買収が増加した。

●リストラクチャリング（事業再編成）の一環としておこなわれることが多かった。

●後述するLBOなどの新しい手法が一般化した。

(5) M&Aの用語

M&Aには関連するいくつかの用語があり，試験で出題されることもあるので，代表的なものについてみていくこととする。

①　**TOB**（Take Over Bid）

TOBとは，株式公開買付のことである。特定企業の株式を特定価格で買い付ける旨の広告を出し，株式を市場を通さずに買い集めるための手法である。テンダーオファーともいう。

②　**LBO**（Leveraged Buy Out；レバレッジド・バイ・アウト）

LBOとは，株式の買収に必要な資金を被買収企業の資産や将来キャッシュフローを担保にした負債で調達することである。資金力のない企業でも買収が可能となる代わりに買収した企業には多額の負債が残るという問題もある。

③　**MBO**（Management Buy Out；マネジメント・バイ・アウト）

MBOとは，企業経営者や特定の事業部の事業部長が自分の企業や事業部を買収することをいう。MBO は LBO の一形態である。日本では大企業の事業再編成の一環として中核でない事業を分社化する過程でおこなわれる。いうなれば企業における「暖簾分け」的なものである。

④　**プロキシー・ファイト**（Proxy Fight）

プロキシー・ファイトとは株主の委任状の争奪戦のことをいう。買収企業側と被買収企業側が自陣に賛同してくれる株主の委任状を取り付けあう行動のことである。

⑤　**ポイズン・ピル**（Poison Pill）

ポイズン・ピルとは買収成功時に買収会社に不利になるような条項を，被合併会社が予め備えておくことにより，買収を防衛しようとする手法である。

⑥　**ゴールデン・パラシュート**（Golden Parachute）

ゴールデン・パラシュートとは，被買収企業の経営陣が巨額の退職金をもらって買収企業に経営権を引き渡すことをいう。

⑦　**クラウン・ジュエル**（Crown Jewel）

クラウン・ジュエルとは，被買収企業のなかで，収益性などの観点からみて最も魅力的な事業のことをいう。被買収企業は事前にクラウン・ジュエルを売却することによって買収を防衛しようとすることがある。

⑧　**パックマン・ディフェンス**（Pack-man Defense）

パックマン・ディフェンスとは，買収を仕掛けられた側の企業が，逆に，相手企業に対して買収をかけることをいう。より積極的な買収の防衛策の一つである。

⑨　**ホワイト・ナイト**（White Knight）

ホワイト・ナイトとは，買収を仕掛けられた企業の経営陣が，敵対的な買収者の代わりにより友好的な別の企業に，自分たちに有利な条件で買収してもらいたいと望むとき助けを依頼する相手企業のことをいう。

③　合　弁

合弁とは，複数の企業が共同で出資して合弁企業を設立し，それによって事業を遂行する方法である。

合弁相手企業と協力して事業を進めていく過程で，お互いの技術やノウハウを学ぶことができるというメリットがある。

一方で，相手企業との協力関係の構築が前提であり，主導権を完全に握れるという可能性は少なく，相手企業からの制約があるという点で限界があり，それがデメリットとしてあげられる。

〈参考〉ジョイントベンチャー

ジョイントベンチャー（JV）は，もともとは建設業で都市開発などの大規模工事を一社で請け負うことが資金面，労働面で困難な場合に，複数の建設業企業が共同して工事に参加することを意味する。しかし，近年では，IT 業界でも合弁企業をJV とよぶこともある。JV の利用により各企業はコスト削減やリスク分散といったメリットを得ることができる。

④　提携（戦略的提携）

提携とは，契約にもとづいて，一方の企業が他方の企業に一定の対価を支払い，相手企業の優れた技術やノウハウを利用するという，ある程度**長期的な協力関係**を意味する。**アライアンス**ともいう。具体的にはライセンス供与，共同開発・共同生産，生産・販売委託，資本参加などさまざまな形態がある。

提携はM&A と比較してより緩やかな結びつきの総称ということができる。

また，近年，経営環境の変化が激しいなかで，大企業といえども独力では対応できない状況が生じている。こうしたなかで提携はその重要度が高まっており，提携を戦略的に利用しようとする考え方もあることから戦略的提携とよばれることも多い（研究者によっては提携と戦略的提携に別の定義をすることもあるが，ここでは類似のものとした）。

提携は，経営資源の不足を補い，相手企業の優れた技術・ノウハウなどを短期間で吸収し，戦略展開できるというメリットがある。しかし，一方で，相手企業との協力関係の構築と維持が困難であるというデメリットもある。

〈参考〉提携の形態

提携にはさまざまな形態があり，それらに関するいくつかの用語について以下に列挙しておく。

① アウトソーシング

アウトソーシングとは，情報システムや経理などの業務を外部委託することである。前述したファブレス企業や後述するOEMやEMSなどもアウトソーシングの一形態ということができる。

② クロス・ライセンシング

クロス・ライセンシングとは，特定の特許などをもつ企業同士が，お互いに特許権の使用等を認め合う契約のことである。

③ OEM（Original Equipment Manufacturing）

OEMとは，相手先ブランド生産のことである。OEMメーカー（受託側）は製品を製造し，その製品を提供された企業（委託側）は自社のブランドをつけてその製品を販売する。受託側企業にとっては，委託側企業の販売力やブランドを活かして製造量を増加させ，設備の稼働率を増加させることができるというメリットがある。委託側企業にとっては，製品開発コストなどをおさえることができるというメリットがある。

④ EMS（Electronics Manufacturing Service）

EMSとは，電子機器産業において，受託生産をおこなう企業のことである。EMSはOEMと類似の形態であるが，EMSでは製造だけでなく，資材調達，製品設計，品質管理，流通などを総合的に受託することが多い。

⑤ SCM（Supply Chain Management）

SCMとは，調達・製造・販売という生産の流れを供給の連鎖（サプライ・チェーン）と捉えて，その連鎖全体で情報を共有することなどにより最適な状態に管理する手法のことである。SCMの背景にあるのはポーター（M. Porter）の指摘した**価値連鎖**（Value Chain）の概念である。SCMの目的は，必要な時に必要な量を供給することで過剰在庫を最小化することによりコスト削減を図ることなどを目的としている。SCMの構築には企業間の提携が不可欠であるが，日本では流通ルートが複雑で古い慣行が残っていることや，中小企業の情報化の遅れなどから本格的なSCMの構築はまだできていないといわれている。それに対してアメリカでは小売業のウォールマート社等の成功例がある。

⑥ **産学連携**

産学連携とは大学などの研究機関と企業との間での人事や研究開発における交流活動のことである。後述するTLOやインターンシップ制度等が代表的な活動として挙げられる。

⑦ **TLO**（Technology Licensing Organization）

TLOとは技術移転機関のことであり，産学連携の一環として大学などの研究機関における成果を譲り受け，特許などの形で知的所有権を獲得し，対価を得て企業などに技術移転をおこない，その対価を大学へフィードバックするという，いわば大学と企業との間の橋渡しをする機関である。日本では1998年に大学等技術移転促進法（TLO法）が制定され，TLOが制度化された。

2．企業戦略

(1) アンゾフの成長ベクトル

成長ベクトルとは，事業構造に関する意思決定の基本的な視点として，アンゾフが提唱した考え方である。

製品に関して，現在の製品を扱うか新しい製品を開発するかの2通り，市場に関しても，現在の市場で活動するか新しい市場を開拓するかの2通り，その組み合わせで合計4通りの選択肢を考える。

〈製品・市場戦略〉

市場の選択＼製品の選択	現在の製品	新しい製品
現在の市場	市場浸透戦略	新製品開発戦略
新しい市場	新市場開拓戦略	多角化戦略

① 市場浸透戦略

市場浸透戦略とは，現在の製品を現在の市場で販売するという戦略である。すなわち，**現在の事業を前提に，その売上高やシェアの拡大を追求する戦略**である。製品自体が導入期や成長期にあるときは，これによって企業の成長も図れる。

② 新市場開拓戦略

新市場開拓戦略とは，**現在の製品を使って新しい市場を開拓する**という戦略である。すなわち，新しい顧客層や新しい地域に現在の製品を売り込むことによって，企業の成長を図る戦略である。

③ 新製品開発戦略

新製品開発戦略とは，**現在の市場に新しい製品を投入する**という戦略である。すなわち，現在の顧客を維持しながら，製品系列を拡大することで成長を図る戦略である。

④ 多角化戦略

多角化戦略とは，**新しい製品を新しい市場に投入する**という戦略である。すなわち，従来とはまったく異なる製品を開発し，新しい顧客層をつかむことによって，まったく新しい事業を手がける戦略である。

このうち，市場浸透戦略，新市場開拓戦略，新製品開発戦略の３つを，現在の事業を基本にしてその拡大を図る戦略という意味で，拡大戦略とよぶこともある。

（2）企業戦略の体系

アンゾフ以外の企業戦略の体系としては，次のものが挙げられる。

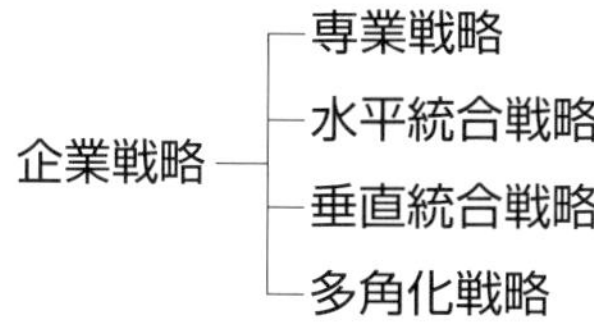

①　専業戦略

専業戦略とは，1つの事業に企業の事業分野を特化する戦略である。

②　水平統合戦略

水平統合戦略とは，同種の製品分野あるいは同種の生産段階や流通段階に従事する企業を合併などにより統合する戦略である。主に生産，マーケティング，研究開発の面で，規模の経済性の達成や競争上の優位性の獲得を目的としている。

③　垂直統合戦略

垂直統合戦略とは，一定の製品・市場分野において，異なる生産段階や流通段階に幅広く進出する戦略である。**原材料，中間製品，最終製品など販売に至るモノの流れに沿った方向で事業を拡大**させていく戦略で，自社にとってモノの流れからみて上流の事業を統合することを川上統合，下流の事業を統合することを川下統合ともいう。この戦略は，競争力を高めるカギとなる段階（KFS: key factor for success）を営むために，あるいは産業の初期で周辺の企業が育っていない場合に展開されることが多い。

〈長所〉

- 取引コストの削減ができる。
- 供給の安定化が図られ，操業の安定化，在庫の軽減が可能になる。
- 技術や情報が入手でき，それが優れた製品開発につながる。NECなどのコンピューターメーカーが半導体製造をおこなっているのには，こういう意味もある。

〈短所〉

- 必要な資本量が大きい。
- 企業の柔軟性を損なってしまう。たとえば，製品需要が停滞し原材料の入手を手控えたいときに，外部から購入しているのであれば単に購入量を減らせばよいが，垂直統合している場合はそうはいかない。

④ 多角化戦略

多角化戦略とは，企業にとってこれまでまったくタッチしていなかった新しい事業分野に進出する戦略をいう。多角化の誘因となるものには，外的誘因と内的誘因とがある。

1）外的誘因：環境

- 既存分野の成長率の停滞
- 既存分野の需要動向の不確実性の大きさ
- 既存分野の市場集中度の高さ
- 既存分野の市場シェアの高さ

2）内的誘因：企業の経営資源の問題

- 未利用資源の有効利用
- 企業規模

〈参考〉取引コスト

未知の取引先との市場を通じた取引には，納入される製品の品質や納期などの点で不安があり，取引先の調査や契約の履行状況の管理などにコストがかかる。こういったコストを取引コストという。

取引コスト理論はコース（R. Coase），ウィリアムソン（O. E. Williamson）によって体系化された。ウィリアムソンによれば，取引コストは，限定合理性，機会主義，不確実性，取引相手の少数性，資産特殊性などを原因として生じる。

取引コスト理論によれば，企業は，ある財の取引において**市場か企業（内部組織）かの選択**をおこなうことができ，市場での取引における取引コストが高い場合には，その取引を内部化して企業内取引にする。内部化は統合ともよばれ，具体的には，M&Aや自社開発でその取引を企業内部（内部組織）に取り込むことをいう。

また，取引コスト理論では，市場か企業（内部組織）かの２分法をとっていたが，近年では，系列取引や提携などの，市場でも企業でもない第３の領域を**中間組織**とよぶこともある。

ある取引を市場と企業（内部組織）いずれでおこなうかは諸条件によって異なる。たとえば，自動車産業の部品取引では，日本メーカーの部品の内製率は低い（＝外注率が高い）のに対して，欧米メーカーの部品の内製率は高い（＝外注率が低い）という特徴がある。

〈参考〉意思決定の種類

経営戦略論の有名な研究者である**アンゾフ**は，企業における意思決定を戦略的意思決定，管理的意思決定，業務的意思決定に分類している。

①　**戦略的意思決定**

主として**トップ・マネジメント**がおこなう意思決定であり，市場や製品の選択，企業目標の設定，企業成長の方法など企業全体に関わる意思決定である。具体的には，企業目標の設定，企業成長の方法と時期の決定，経営の多角化，新製品開発，新市場開拓等の経営戦略上の大きな決定等が含まれる意思決定である。戦略的意思決定は，**非反復的・非定型的**意思決定であるという特徴がある。

②　**管理的意思決定**

主として**ミドル・マネジメント**がおこなう意思決定であり，トップ・マネジメントが設定した企業目標の達成を前提として，組織編成や業務の構造などに関わる意思決定である。具体的には，原材料，生産設備，販売経路，人材といった経営資源の調達，企業目的達成のための組織編成の構築等が含まれる意思決定である。管理的意思決定は**半定型**的意思決定であり，戦略的意思決定と後述する業務的意思決定の調整などをおこなう必要があるといった特徴がある。

経営戦略論

③　**業務的意思決定**

主として**ロワー・マネジメント**がおこなう意思決定であり，所与の目標や業務構造を前提として，効率的な業務遂行の実行，統制等に関わる意思決定である。具体的には，価格や生産量の決定等を含む短期の生産計画，工程管理，在庫水準の調整，細かなマーケティング戦略の決定等が含まれる意思決定である。業務的意思決定は，**反復的・定型的**意思決定であるという特徴がある。

ポイント整理

1　経営戦略総論

(1) 経営戦略の定義

次の 2 つの意味をもつ。

① 企業におけるさまざまなレベルの意思決定を，全体として整合させる基本的な方針

② 変化する企業の外部環境に適応するための指針

(2) 経営戦略の構造

① 企業戦略（事業構造戦略）

企業戦略とは，その企業が全体としておこなう事業の範囲の決定を意味する。

② 競争戦略

競争戦略とは，企業戦略によって決まった事業分野を前提に，そのなかで他社に対してどのように競争上の優位性を確保するかという戦略である。

③ 機能別戦略

販売戦略，生産戦略，財務戦略，広告戦略，研究開発戦略など，企業活動に必要な個々の機能ごとの戦略である。

(3) 経営戦略展開のための資源獲得

① 自社による開発

- 自前で R&D などにより必要な経営資源を獲得するという方法。
- 作り上げた資源は他社に対する強力な武器になる一方で，迅速な戦略展開が阻害されるというデメリットもある。

② M&A（Mergers & Acquisitions：合併・買収）

- 合併とは複数の会社が合体し，1 つの会社になることであり，買収とは，相手企業の株式の過半数を取得して，その企業を実質的に支配下におくことである。
- 他の方法と比較して，迅速な戦略展開ができる一方で，合併の場合には組織の融合がうまくいかず権力闘争が起こったり，買収の場合には莫大な資金が必要となるなどといったデメリットがある。

③ 合弁

- 合弁とは，複数の企業が共同で出資して合弁企業を設立し，それによって事業を遂行する方法である。
- お互いの技術やノウハウを吸収することができるが，相手企業からの制約がある。

④ 提携（戦略的提携）

- 提携とは，契約に基づいて，一方の企業が他方の企業に一定の対価を支払い，相手企業の優れた技術やノウハウを利用するという，ある程度長期的な協力関係を意味する。
- 具体的にはライセンス供与，共同開発・共同生産，生産・販売委託，資本参加などさまざまな形態がある。
- 提携は，経営資源の不足を補い，相手企業の優れた技術・ノウハウなどを短期間で吸収し，戦略展開できるというメリットがある。しかし，一方で，相手企業との協力関係の構築と維持が困難であるというデメリットもある。

2 企業戦略

(1) アンゾフの成長ベクトル

- 事業構造に関する意思決定についての４つの基本類型を示したもの
- ４類型は

① 市場浸透戦略

② 新市場開拓戦略

③ 新製品開発戦略

④ 多角化戦略

(2) 企業戦略の体系

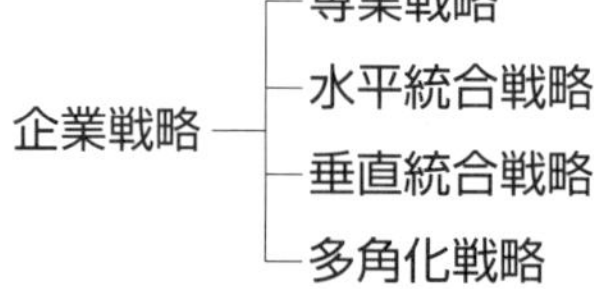

Exercise

問題① 経営戦略に関する次の記述のうち，妥当なものはどれか。

1 E・T・ペンローズは，企業を物的資源と人的資源の結合体とみて，企業経営のなかで生じている未使用資源を活用しようとすることが，企業を衰退に向かわせる大きな内的圧力であると主張した。

2 アンゾフは，企業戦略を製品・市場マトリックスにより，市場浸透戦略，新製品開発戦略，新市場開拓戦略，垂直的統合戦略の４つに分類した。

3 経営戦略は一般的に，企業全体の事業範囲を決定する企業戦略，各事業分野ごとに他社に対する競争力の確保を目指す競争戦略，企業活動に必要な個々の機能ごとの戦略としての事業戦略の３つに大別できる。

4 経営戦略を展開するための経営資源を，自社によって独自に開発する方法は，他社の力を利用する方法と比較して，迅速な資源蓄積が可能であり，その結果，タイムリーな戦略展開ができる。

5 戦略的提携は，経営資源を市場で買うという市場取引と，組織内に経営資源を企業ごと取り込んでしまうというM&Aの中間的な形態といえる。

解説

1 誤。ペンローズによれば，未使用資源の活用は企業を成長に向かわせる原動力となるものである。

2 誤。垂直的統合戦略ではなく，多角化戦略である。

3 誤。事業戦略ではなく機能別戦略である。事業戦略は競争戦略と同義である。

4 誤。自社開発は，他社の資源を利用する方法と比較して時間がかかるという短所がある。

5 妥当な記述である。

解答 5

問題② 垂直的統合戦略に関する次の記述のうち，妥当なものはどれか。

1 産業の成長段階にある企業では，その関連産業の発達が十分でないために，部品や資材を市場から調達できなくなって，それらを内製化する形で垂直的統合を展開する例が多くみられる。

2 製品市場での競争力を高めるカギとなる段階をKFS（キー・ファクター・フォア・サクセス）という。技術革新が進展している段階は往々にしてKFSとなるが，そのR&D費用は膨大な額に上る危険が高いので，こうした段階を取り込むような垂直統合は避けるべきである。

3 原材料から，製造，販売に至るモノの流れのなかで，製造を担当する企業が，販売事業を垂直統合化することは，川上統合とよばれる。

4 取引コストの視点からみれば，垂直統合化は，市場での取引コストがより高くつく場合，取引の調整を市場メカニズムから企業組織のメカニズムに代えることを意味する。

5 すそ野の広い自動車産業において，日本の自動車企業は，アメリカの自動車企業に比べて垂直統合を進展させて，部品の内製化率を高くし，その品質を向上させることに成功した。これに対してH・フォードは，部品の外注化を経営信条として，低廉な部品を市場から調達することに努力した。

解説

1 誤。一般に，垂直統合が多く展開されるのは，産業の成長期ではなく誕生期である。誕生期には，関連産業の発達が不十分だからである。

2 誤。KFSについては，たとえその段階を営むことがコスト的に高くついたとしても，企業の競争力を高めるためには確保すべきなのである。

3 誤。本肢の記述は川下統合である。

4 妥当な記述である。

5 誤。自動車産業においては，部品の内製化率は，通常，米国のほうが高いといわれている。

解答 4

2 多角化戦略

市場が豊かになり，消費者のニーズが高まると，一方では産業の飽和が生じてきます。そのために企業は生き残りをかけて新規事業への参入などを果たしていきます。この節では，その点についての理解に努めましょう。

1．多角化戦略

アンゾフによれば，多角化戦略は下図のように分類できる。

<table>
<tr><td></td><td></td><td colspan="2">新　製　品</td></tr>
<tr><td></td><td>製品
市場</td><td>技術関連性アリ</td><td>技術関連性ナシ</td></tr>
<tr><td rowspan="3">新
市
場</td><td>既存市場の同じタイプ</td><td colspan="2">① 水平的多角化
② 垂直的多角化</td></tr>
<tr><td>類似タイプ</td><td colspan="2" rowspan="2">③ 同心円的（関連）多角化</td></tr>
<tr><td>新しいタイプ</td></tr>
<tr><td></td><td></td><td></td><td>④コングロマリット的多角化</td></tr>
</table>

［多角化戦略］

水平的多角化，垂直的多角化は多角化とは区別して，水平的統合戦略，垂直的統合戦略として議論されることも多いので，以下では，同心円的多角化（関連多角化）とコングロマリット的多角化（無関連多角化）に焦点をあてる。

（1）関連多角化（同心円的多角化）

関連多角化とは既存の事業と何らかの関連性がある事業へ進出するタイプの多角化である。

既存事業と生産技術の面で関連をもつ技術関連型多角化と，マーケティングの面で関連をもつマーケティング関連型多角化とがある。

〈長所〉**範囲の経済性**（エコノミック・オブ・スコープ。多角化の経済性ともいう。）が獲得できる。範囲の経済性とは，複数の事業を別々の企業でおこなうよりも，1つの企業が同時に営んだほうがコスト上有利になるというものである。範囲の経済性が得られるのは，2＋2＝5になるような**シナジー効果**が働くからであると説明される。

〈短所〉戦略的柔軟性が損なわれる。つまり，同時不振のリスクが大きくなってしまう。

〈参考〉シナジー効果

経営資源の共通利用による相乗効果のことを表す。1＋1＝3のように単純和以上の効果が出ることである。なお，逆に1＋1が2未満のような経営の相互マイナス効果はアナジー効果とよばれる。シナジー効果は，アンゾフによれば具体的には次の3つが挙げられる。

① 販売シナジー

新事業分野に進出するにあたって，現在の販売チャンネル，セールスマン組織，商品倉庫，顧客情報，広告媒体，ブランドや企業イメージなどが利用できる。

② 生産シナジー

新事業分野に進出するにあたって，生産設備，技術スタッフ，技術ノウハウなどを共通に用いることによって，製品1単位当たりの間接コストを下げられる。

③ マネジメント・シナジー

企業の経営者が現在の事業分野で身につけてきたマネジメントのノウハウ，スキル，総合的管理力を新しく進出する事業分野においても十分応用し，シナジーを発揮できるというメリットがある。

（2）コングロマリット的多角化（無関連多角化）

コングロマリット的多角化とは，**既存の事業とまったく関係のない事業へ進出する**タイプの多角化である。

〈長所〉戦略的柔軟性＊注が得られる（ビジネスリスクの分散が可能）。

〈短所〉既存事業と関連性のない新規事業において，失敗する危険性が高くなってしまう。

＊注　戦略的柔軟性とは，環境の変化が企業に与える影響をできるだけ小さくしていることを意味し，ビジネスリスクを分散させること，と言い換えることができる。たとえば，ある事業で不測の環境変化が発生しても，他の事業ではそれに左右されないか，それをカバーするような収益が上がる可能性があれば，企業全体は深刻なダメージを受けなくてもすむ。一般には，関連の薄い事業を同時に営むことで戦略的柔軟性は得られるとされる。

（3）関連多角化と無関連多角化の対比

多角化する個々の事業については，既存事業と関連のある分野に進出するほうが失敗のリスクを小さくできるが，企業全体でみると，事業間の関連性が強ければ強いほど，好不況の波が同時に来る可能性も強く，複数の事業が同時に不振に陥る危険性も高い。ここでいうビジネスリスクの分散とは，企業全体が同時に不振に陥る危険性を低下させることを指している。

〈関連多角化と無関連多角化〉

	関連多角化	無関連多角化
個々の事業	失敗のリスク小	失敗のリスク大
企業全体	同時不振のリスク大	同時不振のリスク小

〈参考〉ルメルト（R. P. Rumelt）による多角化の研究

多角化に関する体系的な研究をおこなったルメルトによれば，多角化は関連多角化と無関連多角化に分けられるが，関連多角化はさらにその性質上，**集約型**と**拡散型**に分類される。関連多角化は企業がこれまで蓄積した経営資源をもとに新規事業へ進出する多角化である。その場合に，集約型関連多角化は経営資源を複数の事業で共通に利用するような多角化の展開方法であり，拡散型関連多角化は蓄積した経営資源を共通に利用することはないが，多角化した新規事業で蓄積した経営資源をもとにさらに新たな事業に進出する，というタイプの多角化である。

ルメルトは1950年代，60年代のアメリカ企業の多角化等の実証研究をおこない，関連多角化のほうが無関連多角化よりも企業業績の観点からは有利である，と主張した。

経営戦略論

（4）内部的多角化と外部的多角化

多角化の実行の方法は大きく2つに分けることができる。内部的多角化と外部的多角化である。

① 内部的多角化

内部多角化とは，多角化のすべてのプロセスを，他者の力を借りずに自社内部でおこなうという方法である。内部成長方式の1つであるといえる。

② 外部的多角化

外部多角化とは，多角化を，他企業を合併したり買収することで展開する方法である。なお，合弁や提携は，内部的多角化と外部的多角化の折衷的方法ととらえることができる。外部成長方式の1つであるといえる。

（5）多角化の成功要因

多角化の主な成功要因として，以下のような2点が挙げられる。

① ダイナミック・シナジーの研究：蓄積された経営資源を超えた新しい事業を追加することが，新たな経営資源の蓄積を促し，さらなる多角化をもたらすというモデル。つまり，現在から将来へと時点間にまたがるシナジー効果を追求することが長期的な利益につながる。

② 経営者の強力なリーダーシップ

2．事業評価の基準：投資収益率

（1）投資収益率（投資利益率ともいう;Return on Investment）

企業は市場の成長率によってのみ意思決定をおこなうのではない。当該事業の収益性がどれほどであるのかが，特に事業評価には重要である。投資に対してどれほどの利益が得られるのかをはかる指標が**投資収益率**（ROI：Return on Investment）である。

投資収益率とは，投資額に対する利益額の比率（投資利回り）である。投資収益率の計算式は次のようになる。

$$\text{投資収益率}=\text{売上高利益率}\left(\frac{\text{利益額}}{\text{売上高}}\right)\times\text{資本回転率}\left(\frac{\text{売上高}}{\text{投資額}}\right)=\frac{\text{利益額}}{\text{投資額}}$$

企業が多角化すると，個々の事業を評価することは困難になるが，投資収益率を用いると，この値の高低をみるだけで，収益性という統一した基準のみで事業評価が可能になるので，しばしば事業評価に用いられている。

（2）投資収益率の問題点

この評価方法は収益性という観点のみが重視されているので，次のような問題点がある。

① 利益率という数字依存の経営を助長させる傾向があること。

② 新規産業は収益率が低いので，新規産業への投資を躊躇させる傾向があること。

③ 既存の事業の競争力を維持するための更新投資が回避される傾向があること。

これらの問題点を克服するために考え出されたのが，PPMという，市場の成長率に着目した評価方法である。

3．PPM（プロダクト・ポートフォリオ・マネジメント）

PPM（製品ポートフォリオ・マネジメントともいう）は，アメリカのボストン・コンサルティング・グループ（BCG）がGE（ゼネラル・エレクトリック社）の多様化しすぎた製品系列を整理するために開発した分析手法（したがってBCGモデルともよばれる）であり，**企業が営む複数事業間の資源配分**をどのようにすればよいかについての枠組みを示したものである。

（1）PPMの前提

PPMには，製品ライフサイクル仮説と経験曲線という2つの重要な前提が存在する。

① 製品ライフサイクル（プロダクト・ライフサイクル）仮説

製品ライフサイクル仮説とは，製品が市場に出てからの市場規模の時間的な変化を意味する。

製品ライフサイクル仮説の表現にはいくつかのタイプがあるが，一般的には，縦軸にその製品の販売量をとり，横軸に時間の流れをとる。このとき，販売量は下図のような山型を示して変化する。これを導入期，成長期，成熟期，衰退期の4つの時期に分けて考えるのが一般的である。

1）**導入期**は，その製品が初めて世に出た時期で規格も定まらず，さまざまなタイプの製品が競合している。販売量はまだ小さい。

2）**成長期**は，需要が急激に増大する時期である。製品の規格化が進んで品質が安定し，多くの企業がその業界に参入して価格競争になる。大量生産によるコストの低下が，さらに価格の低下を促す。それが需要を刺激して市場がますます拡大するという好循環である。

3）**成熟期**は，市場が十分に拡大し，飽和状態になる時期である。技術は改良されず，企業利益が最も大きくなる。

4）**衰退期**は，市場ニーズの変化や他の代替的な製品の登場によって，その製品が市場を追われる時期である。

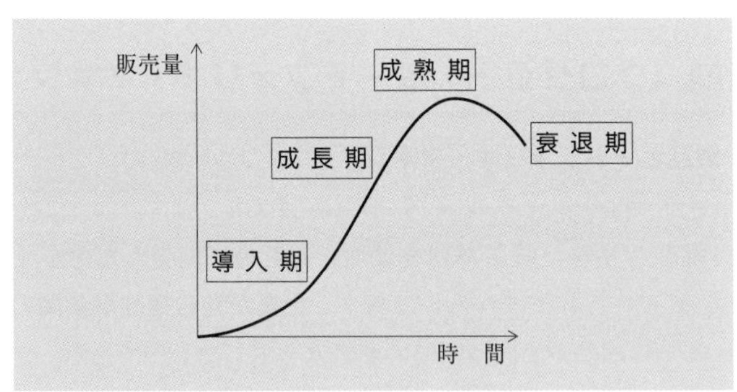

[製品ライフサイクル仮説]

ライフサイクルの長さは製品によってさまざまである。成長期が長く続くものもあるし，成熟製品でも衰退はせず安定的な需要が続くケースもある。また，いったん成熟した製品でも新しい機能を開拓したり，新しいニーズをみつけることで再び成長軌道に乗るということも考えられる。

②　経験曲線

経験曲線とは，**製品の累積生産量，つまり，その製品を初めて作ってから現在までの総生産量が増えるに従って，その製品の単位当たり製造コストが逓減していくことを示した曲線である。**ある企業の特定の製品について，横軸に累積生産量をとり，縦軸に単位当たりコストをとると，その関係は右下がりの曲線として表すことができる。だいたい累積生産量が2倍になると単位コストは20～30％下がるといわれている。

このような経験曲線が存在する理由は，累積生産量が増えることで従業員の経験が蓄積され，作業に熟練する上に，生産工程の改善も進むからだと考えられる。

経験曲線が存在するのであれば，自社の市場におけるシェアの割合が利益位置を示すことになることが，導き出せるのである。

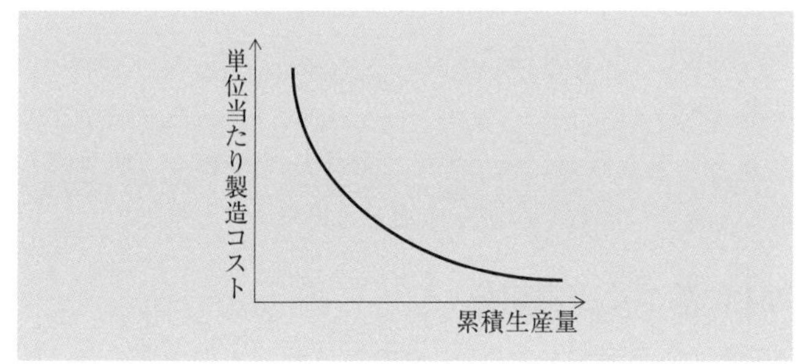

[経験曲線]

（2）PPMのカテゴリー

PPMでは，企業が営む事業分野を，市場成長率の高低と自社の相対的市場シェアの高低とでそれぞれ二分して，合計4つの領域に区分している。

ここで市場成長率はその事業の魅力度を意味し，資源投入の必要性を表す。成長率が高いということは，製品ライフサイクル上，導入期ないし成長期にあることになり，今後も市場が拡大していくと考えられるからである。

また相対的市場シェアは，その事業における自社の優位性を示すとともに，収益獲得能力の大きさをも表す。相対的市場シェアが高ければ他社と比較してその製品の累積生産量も多くなるが，それは経験曲線の考え方からコスト面で他社より有利であることを意味するからである。

以上のことから，4つの各領域は次のような意味をもつ。

① **金のなる木（$）**

成長率が低く，シェアは高い。すでに十分に市場が拡大した成熟製品で，新たな投資要求は弱い。競争力は高いので収益源となる。

② **花形（★）**

成長率，シェアとも高い，これから成長が期待できる有望分野である。シェアを維持するためにも，さらに投資が必要となる。よく売れるが，コストもかかるので収益率は低い。

③ **問題児（??）**

成長率は高いが，シェアが低い。シェアを拡大して花形に育てるためには投資が必要となる。現時点では収入より投資が多くなる。製品ライフサイクル上は導入期もしくは成長期にある。

④ **負け犬（×）**

成長率もシェアも低い。成熟製品で将来性が小さく，競争にも負けている。企業イメージに注意しながら撤退を考える。

（3）PPMに基づく資源配分

PPMが示唆する資源配分とは，「金のなる木」で得た資金を「問題児」や「花形」に回すべきだということである。つまり，現在の「金のなる木」事業はいずれ衰退に向かうのだから，将来の「金のなる木」を育てるために，いま「花形」や「問題児」に投資すべきだというのである。

PPMは，前述した投資収益率重視による意思決定の欠陥を克服できる点に意義がある。

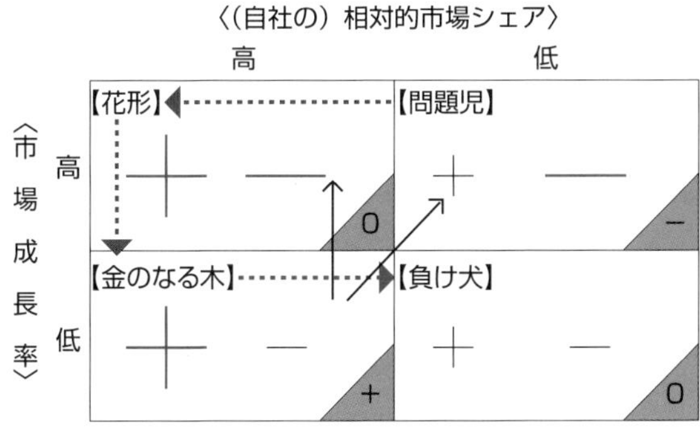

注：(1) プラス符号は資金流入の大きさ，マイナス符号は資金流出の大きさ。
(2) ⟶経営資源の流れ，⋯➔ビジネスの位置変化

[資源配分と PPM]

（4）PPM の問題点

PPM の問題点としては，成熟事業の衰退をいたずらに早めてしまう，という点が指摘される。つまり，「金のなる木」事業を単なる収益源と位置づけるだけでなく，そこへ再投資するという戦略もありえるが，PPM ではその点を考慮に入れていないということである。

また，ある事業を「負け犬」と規定してしまい，その事業の潜在的可能性をあまりに軽視してしまうという問題点もある。

〈参考〉GE グリッド（GE ビジネススクリーンともいう）

GE がコンサルティング会社のマッキンゼー社と共同で開発したもので市場成長率は産業魅力度，相対的マーケットシェアは事業強度に修正された。また，縦軸と横軸は 2 分割から 3 分割に細分化され，マトリックスは 4 分割（2 × 2）から 9 分割（3 × 3）へ改められた。

ポイント整理

1 多角化戦略

(1) 同心円的多角化（関連多角化）

既存の事業と何らかの関連性がある事業へ進出するタイプの多角化である。

（長所）・範囲の経済性の獲得
　　　　・新規事業への進出リスク小

（短所）・戦略的柔軟性を損なう

(2) コングロマリット的多角化（無関連多角化）

既存の事業とまったく関連性のない事業へ進出するタイプの多角化である。

（長所）・戦略的柔軟性の獲得
　　　　・企業全体としてのリスク分散

（短所）・新規事業において，失敗する危険性が高まる

(3) 内部的多角化と外部的多角化

多角化の実行の方法は，独力でそれを展開する内部的多角化と，他社を合併または買収することで展開する外部的多角化とに大別できる。

ルメルトの研究によれば関連・集約型の多角化をおこなった企業のほうが業績は高いとされている。

2 事業評価の基準：投資収益率

(1) 投資収益率（Return on Investment）

- 投資に対してどれほどの利益が得られるのかをはかる指標が投資収益率（ROI：Return on Investment）である。

$$投資収益率＝売上高利益率×資本回転率＝\frac{利益額}{投資額}$$

●企業が多角化展開をしても，各事業を収益性という統一した基準によって評価することが可能。

(2) 投資収益率の問題点

① 利益率という数字依存の経営を助長させる傾向があること。

② 新規産業は収益率が低いので，新規産業への投資を躊躇させる傾向があること。

③ 既存の事業の競争力を維持するための更新投資が回避される傾向があること。

3 PPM（プロダクト・ポートフォリオ・マネジメント）

●ボストン・コンサルティング・グループが開発した分析手法（BCGモデル）

●複数事業間の資源配分についての枠組みを示したもの

(1) PPMの前提

① 製品ライフサイクル仮説

●製品が市場に出てからの市場規模の時間的な変化。

●導入期，成長期，成熟期，衰退期の4つの時期に分けられる。

② 経験曲線

●製品の累積生産量の増加につれて，その製品の単位当たり製造コストが逓減していくことを示した曲線。

●作業への熟練と生産工程の改善によってもたらされる。

(2) PPMの4つのカテゴリー

●市場成長率と相対的市場シェアの高低により，合計4つのカテゴリーに分けられる。

●成長率は事業の魅力度と資源投入の必要性を，市場シェアは事業の優位性と収益獲得能力をそれぞれ示す。

● 4つのカテゴリーは，金のなる木，花形，問題児，負け犬である。

(3) PPMに基づく資源配分

● 「金のなる木」で得た資金を「問題児」「花形」に回すべきである。

(4) PPMの問題点

●成熟事業(「金のなる木」事業)の衰退をいたずらに早めてしまう。

Exercise

問題①　多角化戦略に関する次の記述のうち，妥当なものはどれか。

1　コングロマリット的多角化は，既存事業とは関連のない事業へ進出するものである。したがって，その長所はシナジー効果の発生に基づく範囲の経済性を享受できることであり，短所は戦略的柔軟性が損なわれることである。

2　関連多角化は，既存事業と関連性の深い事業へ進出するタイプの多角化である。したがって，その長所は戦略的柔軟性が得られることであり，短所はシナジー効果が得られないため新事業での失敗の危険性が大きいということである。

3　I・アンゾフによれば，経営多角化戦略を採用する際に考慮すべき重要な点の1つが，シナジー効果である。企業が複数事業に進出することで各事業を単独に営む場合に得られる各成果の単純合計以上の成果獲得が可能となるとき，シナジー効果があるという。

4　多角化戦略の具体的な実行方法には2つある。新規事業を確立するまでのプロセスをすべて自社の内部でおこなう内部的多角化と，他企業の合併・買収によって新事業へ進出する外部的多角化がそれである。コングロマリット的多角化は，通常，前者によって実行される。

5　企業の既存の事業が成長期に入ると，企業を多角化に向かわせる内的誘因が強まると考えられる。

解説

1　誤。長所と短所が，**2**の関連多角化とまったく逆になっている。

2　誤。上記のとおり。

3　妥当な記述である。

4　誤。コングロマリット的多角化は，通常，外部的多角化によって展開される。既存事業とまったく関連のない事業への進出を独力でおこなうことは困難だからである。

5　誤。一般的には，成熟期あるいは衰退期になると，多角化への誘因が強まると考えられる。事業の衰退と企業の運命を切り離すためにである。

解答　3

問題② プロダクト・ポートフォリオ・マネジメント（PPM）に関する次の記述のうち，妥当なものはどれか。

1 「金のなる木商品」が「問題児商品」に資金を提供する。

2 「金のなる木商品」が「負け犬商品」に資金を提供する。

3 「花形商品」が「金のなる木商品」に資金を提供する。

4 「花形商品」が「負け犬商品」に資金を提供する。

5 「負け犬商品」が「花形商品」に資金を提供する。

解説

PPMは「金のなる木」事業を現在の資金源ととらえ，そこで得た余剰資金を成長率の高い事業分野に投入することで，将来にわたる企業成長を実現しようというものである。その場合の資金の投入先は，自分自身では必要な資金を獲得できない「問題児」事業が中心となる。もちろん「花形」事業への投入もありうるが，「花形」は自分自身である程度資金を獲得できる力を有しており，そのため「金のなる木」から「問題児」への資金の流れが，まず優先されるのである。

解答 1

重要度
★★★

3 競争戦略

企業はつねにライバル企業等との競争によって成り立っている側面が多い。それに，他の企業との競争に打ち勝つことが企業のモチベーションを高めることにも役立ちます。この節ではその基本的課題につき検討していきましょう。

1．競争市場の規定要因

競争戦略とは，企業が他社に対し競争上の優位性を獲得するための戦略である。

この競争戦略について，体系的な議論を展開したのが**ポーター（M.Porter）**である。ポーターは，具体的な競争戦略の議論に入る前に，まず競争市場を規定する要因を分析している。

ポーターの挙げた要因とは次の５つである（**5フォース**とよばれている)。

① 既存企業間の敵対ないし競争関係の強さ

② 新規参入の脅威の大きさ

③ 代替製品からの圧力の強さ

④ 原材料や部品の供給企業の交渉力の強さ

⑤ 製品の買い手の交渉力の強さ

企業が，ある製品市場においていかなる競争戦略をとるべきかは，これら規定要因の分析に基づくべきであるとポーターは主張する。

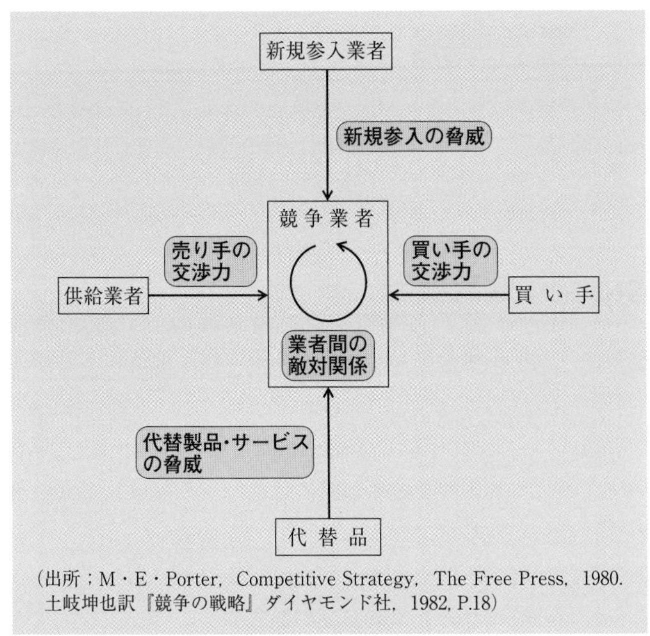

(出所；M・E・Porter, Competitive Strategy, The Free Press, 1980.
土岐坤也訳『競争の戦略』ダイヤモンド社, 1982, P.18)

[競争市場の規定要因]

2．競争戦略の基本類型

ポーターによれば，企業が採用する競争戦略は，基本的には次の３つのうちのどれかに分類できる。彼は３つの基本戦略を同時に追求することは困難であり，いずれか１つに絞るべきであると主張した。

① コスト・リーダーシップ戦略

② 差別化戦略

③ 焦点化戦略

〈基本戦略のマトリックス〉

戦略ターゲット		顧客から独自性が認められる	低コスト地位
	業界全体	② 差別化	① コスト・リーダーシップ
	特定セグメントのみ	③ 焦点化 (差別化焦点)	(低原価焦点)

（1）コスト・リーダーシップ戦略

コスト・リーダーシップ戦略とは，**製品原価の削減**で他社をリードする戦略である。他社よりも低い原価を実現することで，価格競争で優位に立ったり，価格が固定的なら高い利益率で他社よりも優位に立つのである。

具体的な原価削減の方法としては，

① 製品の標準化を図り，部品を共通化して，大量生産を追求する

② 生産工程の改善による生産性の向上を目指す

③ ジャスト・イン・タイム（後述）を実現して在庫コストを削減する

④ 人件費の安い発展途上国で生産をおこなう

⑤ 規模の経済性を追求する

などがある。

（2）差別化戦略

差別化戦略とは，**価格以外の側面で自社製品の違いをアピール**する戦略である。

たとえば，他社製品に対して機能面で優れている，ブランドイメージが高い，デザインがよい，アフターサービスなどの付加的サービスがある，などといったことを武器にして顧客を獲得するのである。差別化の実現には，研究開発投資や広告宣伝費など，なんらかのコストがかかるのが通常である。この意味で，少しでもコストを削減しようとするコスト・リーダーシップ戦略とはトレード・オフ関係（二者択一の関係）にあるといえる。

（3）焦点化戦略（集中化戦略またはニッチ戦略ともいう）

焦点化戦略とは，**他社と競合しないような特殊な市場に特化**する戦略である。

汎用性の高い製品・サービスではなく，特定の顧客の特定のニーズに焦点を絞り，それに合わせた製品・サービスを提供するのである。つまり，**市場を細分化**（セグメンテーション）したうえで，その細分化された市場に経営資源を集中する戦略である。特に，細分化された市場にエントリーし，焦点戦略をとる企業をニッチャーといい，その企業の製品をニッチ製品という。ニッチと

は，「すきま」「くぼみ」という意味である。最近は，企業スケールメリットよりもニッチ産業を重視する傾向がある。

〈参考〉その他のポーターの研究

ポーターの著作には上述の競争戦略以外にもいくつかの重要な概念が登場しており，以下に簡単に列挙しておく。

① 価値連鎖

価値連鎖（バリューチェーン）とは，企業の競争力の源泉を分析するための考え方である。企業は何らかの生産要素をインプットし，それに付加価値をつけてアウトプットする制度であるが，その企業が最終的な付加価値にどのように影響しているかを分析するための考え方である。企業の競争力は，購買物流，製造，出荷物流，販売・マーケティング，サービスという主活動と，調達，技術開発，人事労務活動，全般活動という支援活動を最適に組み合わせることによって生み出されると考えられている。

② ベスト・プラクティスと生産性フロンティア

ベスト・プラクティスとは産業全体において，最高の効率を上げているプラクティス（経営手法）のことを意味する。他企業がベスト・プラクティスを実現している場合には，自社がそれを模倣することが重要になる。

生産性フロンティアとは特定の時点におけるベスト・プラクティクスの集合をいう。

(注) ベンチマーキング

ベンチマーキングとは，企業の業務内容の目標となる水準を具体的に設定することをいう。具体的には，企業内の業務の非効率な部分を改善するために，他社のベスト・プラクティスと比較して分析をおこなう手法をいう。ポーターが主張した概念ではないが経営戦略論では有名な概念である。

③ クラスター

クラスターとは，特定分野の企業が，ある国や地域に地理的に集合している状態のことをいう。たとえば，シリコンバレーなどである。

3. 製品ライフサイクルと競争戦略

前述の競争戦略をその特性に応じて，いつ，いかに採用するかを製品ライフサイクル論にあてはめて議論することができる。製品ライフサイクルと競争戦略との関係の1つの典型例を示すと以下のとおりである。

導入期…顧客のニーズを模索しつつコンセプトや機能で競争
⬇
差別化戦略が基本

成長期…製品の標準規格（ドミナント・デザインともいう）が確立。顧客の関心が価格に向かい，企業内部の生産性向上が重要課題となる。
⬇
コスト・リーダーシップ戦略へと移行

成熟期…市場が飽和しニーズが多様化。頻繁なモデルチェンジ，活発な広告・宣伝活動，新機能・新製品の追加が激しく繰り広げられる。
⬇
差別化戦略に回帰

〈参考〉デファクト・スタンダードとデジュール・スタンダード

製品の標準規格は大別して，**デファクト・スタンダード**と**デジュール・スタンダード**に区別することができる。

① デファクト・スタンダード（de facto standard）

デファクト・スタンダードとは，市場での競争に勝利するなどにより**実質的な標準規格**となった規格のことである。たとえば，ビデオデッキにおけるVHS方式，ソフトウェアにおけるWindowsなどがこれにあたる。

② デジュール・スタンダード（de jure standard）

デジュール・スタンダードとは**公的な標準規格**のことである。たとえば，日本工業規格（JIS）や国際標準化機構（ISOシリーズ）等が挙げられる。

また，世界的にみて標準規格になっているものを**グローバル・スタンダード**とよぶこともある。

4．フルライン化

企業が競争優位を獲得する方法の１つに，フルライン化（あるいはフルライン戦略）がある。フルライン化とは，たとえば，高級品から普及品まで幅広い製品ラインを一社でそろえることをいう。フルラインには次のようなメリットがあり，それゆえ企業の競争力を強化するのである。

（1）差別化効果

フルライン化により市場の多様なニーズに応えることができ，顧客のより大きい部分を獲得できる。

（2）コスト削減効果

部品を製品間で共通利用できれば，大量生産ないし大量購入によるコスト削減が可能になる。

ポイント整理

1 競争市場の５つの規定要因

① 既存企業間の敵対ないし競争関係の強さ

② 新規参入事業からの脅威の大きさ

③ 代替製品からの圧力の強さ

④ 原材料や部品の供給企業の交渉力の強さ

⑤ 製品の買い手の交渉力の強さ

2 競争戦略の基本類型

ポーターは，３つの基本戦略を同時に追求することは困難であり，いずれか１つに絞るべきであると主張した。

① コスト・リーダーシップ戦略

- 他社よりも低い製造原価で優位に立つ戦略である。
- 具体的な原価削減の方法として以下のものが挙げられる。

1）製品の標準化・部品の共通化による大量生産の追求

2）生産工程の改善による生産性の向上

3）ジャスト・イン・タイムによる在庫コスト削減

4）発展途上国での生産

5）規模の経済性の追求

② 差別化戦略

●価格以外の側面で自社製品の違いを顧客にアピールする戦略である。
↓
●優れた製品機能，高いブランドイメージ，付加的なサービスなど。

●差別化の実現には，研究開発投資や広告宣伝費など，多額のコストがかかる。

③ 焦点化戦略

●他社と競合しないような特殊な市場に特化する戦略である。

●汎用性の高い製品・サービスではなく，特定の顧客の特定のニーズに焦点を絞り，それに合わせた製品・サービスを提供する。

●このような戦略をとる企業はしばしばニッチャーとよばれる。

3 製品ライフサイクルと競争戦略

●製品ライフサイクルと企業の採用する競争戦略との関係の１つの典型例

●導入期　→　差別化戦略が基本

●成長期　→　コスト・リーダーシップ戦略へと移行

●成熟期　→　差別化戦略へ回帰

4 フルライン化

●幅広い製品ラインを一社でそろえること。

●市場の多様なニーズに応えられるという差別化の面での効果と部品の共通利用によるコスト削減の面での効果が得られる。

Exercise

問題　競争戦略に関する次の記述のうち，妥当なものはどれか。

1 コスト・リーダーシップ戦略を採用する場合の具体的な原価削減の方法としては，製品の標準化や生産工程の改善などが考えられるが，製品を先進諸国で生産するという方法も１つの有効な方法といえる。

2 ある製品が製品ライフ・サイクル上，導入期にある場合には，サイクルが成長期に入る前に，差別化戦略ではなく他社に先駆けて低コスト化を推進するコスト・リーダーシップ戦略をとるべきである。

3 ポーターによれば，競争市場を規定する５つの要因とは，新規参入の脅威，代替品の圧力，売り手の交渉力，買い手の交渉力，自社の経営資源である。

4 差別化戦略とは，他社が参入してこないような特殊な市場において，自社の特異性を発揮していこうというタイプの戦略である。

5 大企業と比較して力の弱い中小企業は，できるだけ大企業とは競合しないように，自社のセグメントを限定して，独自の収益源を獲得するような戦略が一般的に望ましいとされる。

解説

1 誤。発展途上国での生産であれば，コスト削減に寄与する。

2 誤。通常，導入期には差別化戦略が適合的であるとされる。

3 誤。自社の経営資源ではなく既存企業間の敵対ないし，競争関係の強さである。

4 誤。これは焦点化戦略についての記述である。

5 妥当な記述である。なお，このような戦略をニッチ戦略（すき間戦略）とよぶことがある。

解答　5

重要度
★☆☆

その他の経営戦略論

経営戦略論は比較的新しい研究分野であり，近年様々な概念が登場しています。本節ではそのうちのいくつかについてみていくこととします。

経営戦略論には，これまでの議論のほかに，さまざまなキーワードがある。以下ではそのいくつかについて紹介しておくこととしたい。

1．選択と集中

選択と集中は経営戦略論において近年，非常に重要視されている概念である。**選択と集中**とは，自社の将来の方向性から**特定の事業分野**（コア・ビジネスという）**をいくつか選択し，その事業分野に自社の経営資源を集中して投下**する，という概念を示している。

選択と集中の概念に基づいて企業は，アウトソーシングやリストラクチュアリング，分社化などの行動をとる。

2．SWOT分析

伝統的な経営戦略論において，企業の経営戦略を構築するうえでのフレームワークに**SWOT分析**がある。SWOTとは，企業内部における**強み**(Strength)，**弱み**（Weakness），企業の外部環境における**機会**（Opportunity），**脅威**（Threat）のことを意味する。

3．ビジネス・プロセス・リエンジニアリング

ビジネス・プロセス・リエンジニアリング（BPR）は1993年にM.ハマー（M. Hammer）とJ.チャンピー（J. Champy）がその著書『リエンジニアリング革命』のなかで提唱した概念である。

BPRとは業務プロセスの再設計のことを意味する。不採算事業の売却や人

員削減などのリストラクチュアリングと異なり，受注，製造，納入などの一連のプロセスの抜本的な見直しをおこない，コストダウン，品質向上，スピードアップ等の向上を達成しようとする手法である。BPRの背景には，当時の情報通信技術の劇的な発展があり，企業内LANやイントラネットなどの情報技術を活用することにより，組織内部の各部門の連携を密にし，業務体系を抜本的に再設計することをいう。

リエンジニアリングは80年代に日本企業との競争で劣勢にあったアメリカ企業が90年代に競争力を回復した要因となった手法であると評価されている。

4．SCPモデルと資源ベースモデル

企業の競争優位を考察するうえでの立場は大きく分けてSCPモデルと資源ベースモデルに分類することができる。

（1）SCPモデル

① 意義

SCPモデルとは，**企業の業績は，その企業の置かれた産業の構造や魅力度から生じるため**，そうした産業を発見し，自社をその産業のなかで位置づけることが最も重要な経営戦略であると考える立場である。したがって，**ポジショニングアプローチ**などともよばれる。すなわち，企業の業績は，産業構造（Structure）→企業行動（Conduct）→企業業績（Performance）という連関によって決定されると考える立場であることからSCPモデルとよばれている。

② 代表的な研究

SCPモデルの代表的なものが前述の**ポーターの５フォース**である。

（2）資源ベースモデル

① 意義

資源ベースモデル（リソース・ベースド・ビュー；RBV）とは，**企業の業績は企業内部における経営資源によって生じるため**，戦略的に重要な資源をいかに構築し，いかにそれを他社の模倣から保護するかが最も重要な経営戦略であ

ると考える立場である。従来のSCPモデルでは産業構造自体や産業の選択こそが重要であり，各企業の経営資源は重要視されていなかったが，資源ベースモデルでは企業の経営資源に焦点を当てた研究であるといえる。

②　代表的な研究

1）ペンローズ（E. Penrose）

著書『企業成長の理論』（1959年）のなかで**企業は経営資源の集合体**であり，企業の成長は企業内の未利用の資源の利用によってなされると主張した。

2）ワーナーフェルト（B. Wernerfelt）

ペンローズの内部成長の理論をもとに，自社の資源のポジションを構築し，他社の模倣から防衛することが重要であることを指摘した。

3）バーニー（J. Barney）

価値，稀少性，模倣困難性，非代替性の4つを持った資源が持続的競争優位をもたらすと主張した。

4）ハメル（G. Hamel）＝プラハラッド（C. K. Prahalad）

著書『コア・コンピタンス経営』（1994年）のなかで従来のリストラクチュアリングやビジネス・プロセス・エンジニアリングでは企業の変革の手法としては不十分であることを指摘し，コア・コンピタンスの重要性を指摘した。**コア・コンピタンス**とは他社には模倣困難な自社の中核的な能力（たとえばソニーの小型化技術や，シャープの薄型ディスプレイ技術のような製品を生み出す独自の技術など）のことであり，近年では**ケイパビリティ**（**組織能力**）とよばれることもある。

5）ナレッジマネジメント

企業の資産に内在化された知識や従業員の知識を重要視し，こうした知識を組織内で共有，創造すること等によってコア・コンピタンスを構築しようとする考え方をいう。代表的な研究者は野中郁次郎や竹内弘高（主著『知識創造企業』1996年）である。

ナレッジマネジメントの考え方によれば，知識は**暗黙知**と**形式知**に区別される。

●暗黙知…明確な言語や数式で表現できない知識

●形式知…明確な言語や数式で表現できる知識

こうした暗黙知・形式知は**SECI（セキ）**とよばれる知識変換プロセスを通じて生み出されていく。

●共同化（S）…暗黙知の暗黙知への変換のことである。たとえば，共通の体験によって以心伝心に暗黙知が暗黙知として伝達されることである。

●表出化（E）…暗黙知の形式知への変換のことである。たとえば，ある従業員の経験に基づく知識が言語や数式に表現されることである。

●連結化（C）…形式知の形式知への変換のことである。たとえば，何種類かの資料などの形式知を結合して新しい形式知を生み出すことである。

●内面化（I）…形式知の暗黙知への変換のことである。たとえば，行動による学習を通じて，形式知が個人の体験という形で暗黙知として内面化されることをいう。

企業はこうした知識変換のプロセスをうまくマネジメントすることによって知識を創造し，それが競争優位につながっていくとナレッジマネジメントでは考えている。

5．イノベーション（革新）

（1）イノベーションの定義

企業は新しい技術やプロセス，経営手法などを大胆に発案，改革することによって競争優位を確保することができる。こうした企業にとって利益をもたらす革新は**イノベーション**とよばれている。

経済学者の**シュンペーター**（J. Shumpeter）によれば，革新とは経営資源の「**新結合**」のことであり，具体的には新しい製品の開発，新しい生産方式の導入，新しい販売方法の開拓，新しい原材料の獲得，新しい組織の実現が挙げられる。シュンペーターによれば，こうした**イノベーションの担い手こそが企業家**である。

現代では企業家の機能は個人ではなく組織によって担われていると考えることができる。

(2) イノベーションの分類

イノベーションにはさまざまな分類方法があるが，以下に代表的なものを挙げておくこととする。

① プロセス（工程）イノベーションとプロダクト（製品）イノベーション

- **プロセス（工程）イノベーション**

  既存の工程や技術を改良するような技術革新のこと。たとえば，後述する改善活動やトヨタ生産方式である。

- **プロダクト（製品）イノベーション**

  全く新しい製品を開発し，市場に投入するような技術革新のこと。たとえば，新製品の開発である。

② ラディカル（根本的）イノベーションとインクリメンタル（漸進的）イノベーション

- **ラディカル（根本的）イノベーション**

  根本的な技術革新のことである。プロダクト・イノベーションは多くの場合，ラディカル・イノベーションである。

- **インクリメンタル（漸進的）イノベーション**

  漸進的な技術革新のことである。プロセス・イノベーションは多くの場合インクリメンタル・イノベーションである。

〈参考〉生産性のジレンマ

アバナシー（W. Abernathy）は，製品ライフサイクル仮説とイノベーションとの関係について「生産性のジレンマ」という概念を提唱した。

導入期…差別化戦略が中心的な戦略であり，多くのプロダクト・イノベーションが発生する。

成長期…製品の標準規格（ドミナント・デザインともよばれる）が確立し，コスト・リーダーシップ戦略が中心的な戦略となる。この時期にはコスト削減のため多くのプロセス・イノベーションが発生する。

成熟期…製品に関する大きなイノベーションは減少し，小さなインクリメンタル・イノベーションしか発生しなくなる。

一般的に，**成長期から成熟期に入ると企業の生産性は向上するが，そのためにかえって大きな技術革新は生じなくなることを「生産性のジレンマ」とよぶ。**

ポイント整理

1　選択と集中

自社の将来の方向性から特定の事業分野（コア・ビジネスという）をいくつか選択し，その事業分野に自社の経営資源を集中して投下する，という概念

2　SWOT 分析

- 伝統的な戦略構築のフレームワーク
- 企業内部の強みと弱み，企業外部の機会と脅威のこと

3　SCP モデルと資源ベースモデル

①　SCP モデル

- 企業の業績は，産業の構造や魅力度から生じる
- したがって，そうした産業を発見し，自社をその産業のなかで位置づけることが最も重要な経営戦略であると考える立場
- 代表的な研究…ポーターの５フォース

②　資源ベースモデル

- 企業の業績は企業内部における経営資源によって生じる
- したがって，戦略的に重要な資源をいかに構築し，いかにそれを他社の模倣から保護するかが最も重要な経営戦略であると考える立場
- 代表的な研究…ペンローズ，ワーナーフェルト，バーニー，ハメル＝プラハラッド（コア・コンピタンス），ナレッジマネジメント

4　イノベーション（革新）

①　定義

シュンペーター

- 革新とは経営資源の「新結合」のこと

●具体的には新しい製品の開発，新しい生産方式の導入，新しい販売方法の開拓，新しい原材料の獲得，新しい組織の実現

●イノベーションの担い手＝企業家

② イノベーションの分類

●プロセス・イノベーション…製造工程の革新

●プロダクト・イノベーション…製品の革新

●ラディカル・イノベーション…根本的な革新

●インクリメンタル・イノベーション…漸進的な革新

第5章

その他

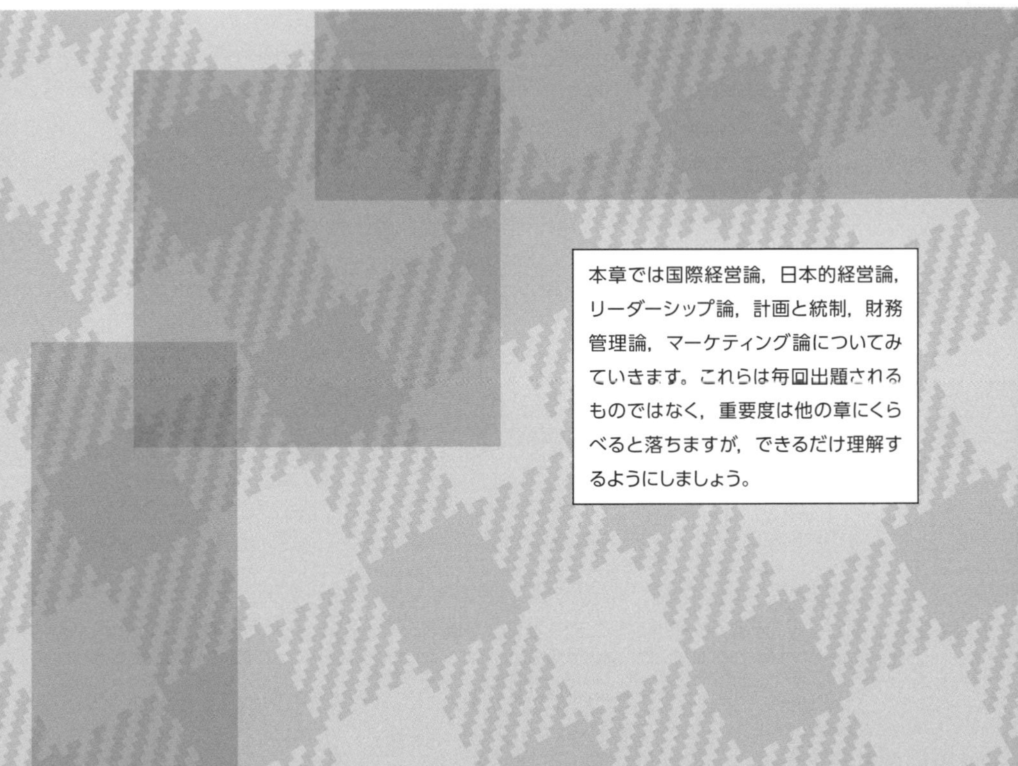

本章では国際経営論，日本的経営論，リーダーシップ論，計画と統制，財務管理論，マーケティング論についてみていきます。これらは毎回出題されるものではなく，重要度は他の章にくらべると落ちますが，できるだけ理解するようにしましょう。

国際経営論

世界は現在，ボーダレスすなわち国境なき関係に入りつつあるといわれています。これまでは自国での生産性を高め，国際社会で経済的に優位に立つことが多くの国の課題でしたが，世界的に経済格差が縮小し，かつての植民地支配とは異なる意味での企業経営の国際化が進展しています。その点の基本的理解が本節の主たる内容です。

1．国際化の定義

企業の国際化とは，一般的には「企業活動にともなって，経営資源が国境を越えて移動するようになること」をいう。

この定義によれば，たとえば，製品の輸出（**モノ**の移動），海外への送金（**カネ**の移動），海外子会社への従業員の派遣（**ヒト**の移動），技術やノウハウの移転（**情報**の移動）などはすべて国際化の一局面ということになる。

2．国際化の動機

国際化の典型的な動機・目的として次のようなものが挙げられる。

①　新市場の開拓

自国の市場の成熟化，自国での激しい競争の回避，海外に大きなマーケットが存在している，などの場合に，企業は製品輸出を活発化したり，現地の支店・子会社での営業活動を展開したりして，新しい市場の獲得を目指す。

②　低コスト化

安価な人件費や原材料費などを求めて企業は国際化する。国内の人件費が高い，国内に天然資源が乏しいなどといった場合に，それらを低いコストで入手できる国（たとえば開発途上国）へ生産拠点を移すのである。

③　貿易摩擦の回避

新市場の開拓を目的に製品輸出を続けていると，相手国との間に貿易摩擦が生じることがある。その場合，相手国政府が輸入規制や関税引き上げといった措置を取ることもありうる。そういった状況を回避するために，企業は国際化する。このケースでは，貿易摩擦が発生している当該相手国に工場を移転して，輸出から現地生産へ切り替えるという対応が一般的である。

④ バンドワゴン効果

一社が海外生産を開始すると，他の競争企業も遅れないように追随して海外生産にのりだす「バンドワゴン効果」も重要である。

⑤ その他

途上国では政府により輸入が規制されているので，現地生産以外に道がない。また，節税のための**タックス・ヘイブン**（租税が著しく低くなる租税回避地を指す）を求めて国際化したり，途上国の発展に貢献したいという純粋に奉仕的な動機で国際化することもある。また最近では，為替リスク回避のために海外に生産拠点を移すという動きもみられる。

3．国際化の発展段階

典型的な国際化のステップは以下のようになる。

（1）現地販売子会社の設立

輸出から進んで現地に販売子会社を設立するのが第1段階である。実際の販売は，現地の販売代理店を使う場合が多い。

（2）現地生産子会社（工場）の設立

日本での生産および管理のための経営システムを現地に移転しはじめる，第2段階である。ただ，この段階では，複雑な組織構造は必要とならないため，生産システムの移転が中心となり，現地子会社の社長ないし工場長には通常，日本人が就任する。

（3）現地地域統括子会社の設立

第3段階は，販売と生産の機能を併せもった本格的な多国籍企業となる段階である。本社からの自律性もかなりの程度与えられる。この段階では，現地の人間を経営管理者層に登用するという意味での「現地化」が要請される。「頭（管理者）は日本人，手足（従業員）は現地人」という経営スタイルがこの段階になると通用しなくなるのである。

（4）現地地域統括子会社への研究・開発機能の移転

この段階では，研究・開発から，生産・販売に至る経営のプロセスを一貫して現地で統括することになる。3段階目に比べて，現地子会社の自律性がいっそう強化される段階である。

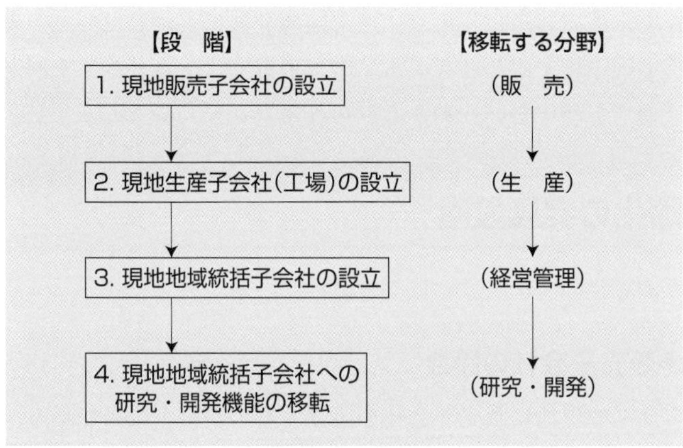

［国際化の段階］

4．国際化のタイプ

前述した国際化の発展段階のうち，第2段階以降は3種類のタイプ，すなわち水平的国際化，垂直的国際化，多角的国際化に分類できる。

（1）水平的国際化

水平的国際化とは，企業の特定の製品を国内だけでなく，広く海外でも生産するというタイプの国際化である。

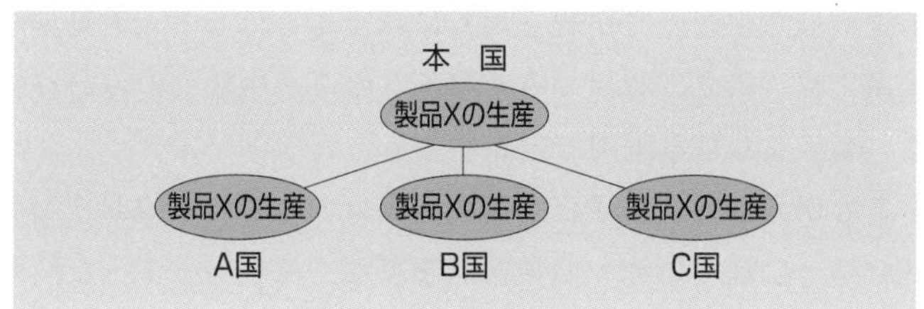

[水平的国際化]

(2) 垂直的国際化

垂直的国際化とは，原材料から販売に至る製品の流れの段階のうち，ある部分を国内で，ある部分を海外でというタイプの国際化である。

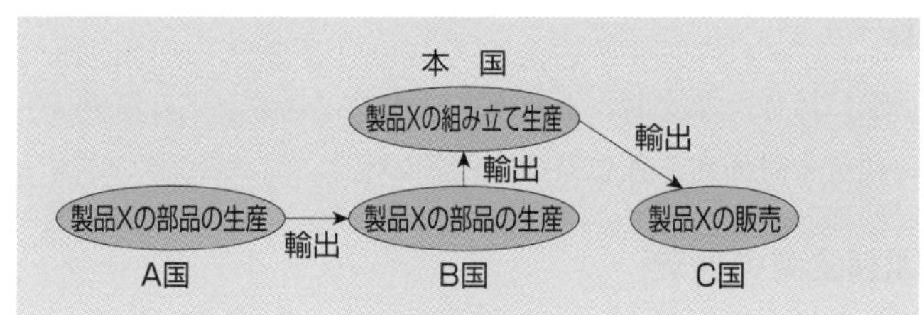

[垂直的国際化]

(3) 多角的国際化

国ごとに異なる事業を営み，製品の輸出入を相互におこなうタイプである。ただし，このタイプは現実にはほとんど存在しない。

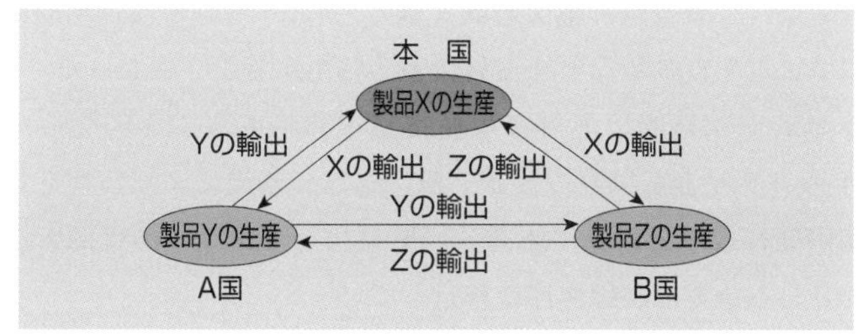

[多角的国際化]

〈参考〉日本企業の国際化戦略の特徴 1

日本企業は，生産の全工程を海外に移すことはせず，労働集約的な最終生産工程（組立工程）のみを移転したり，中級品のみを移転したりする（高級品は日本国内で生産する）というロジスティック戦略＊注をとることが多かった。また，研究開発はすべて日本でおこない，現地地域統括子会社へ研究・開発機能を移転するというような段階にまで達している企業は非常にまれである。

＊注　ロジスティックとは販売物流だけでなく，生産要素の物流まで総合的に管理する物流管理を意味している。

5．多国籍企業論

（1）定義

多国籍企業には様々な定義があるが，一般的には数カ国に海外子会社をもって国際的に経営を展開する大企業のことをいう。

（2）多国籍企業の歴史

国際的な企業の活動が輸出・輸入などの貿易から海外での生産や販売拠点の設置といった直接的な海外事業に発展するようになったのは，**1950 ～ 60 年代にアメリカ企業による欧州への進出と企業買収が最初**であったといわれている。

〈参考〉日本企業の国際化戦略の特徴 2

日本企業は，戦後以降**輸出志向**が強く，特に 1960 年代以降の高度成長期には家電や自動車などを海外に多く輸出するようになった。

日本企業が本格的に海外に生産拠点を移転するようになったのは 1985 年のプラザ合意以降円高が急激に進み，輸出により利益を獲得するのが困難になって以降である。同時期に対アメリカの貿易摩擦も深刻となり日本企業は**現地生産に移行**していった。

日本企業の国際化の特徴としては，①アメリカ企業の国際化が完全所有の海外子会社を設立することが一般的であるのに対して，日本企業の国際化は**商社参加型の合弁**によることが多かったこと，②アメリカ企業が海外子会社の経営は現地人に委託するのに対して，日本企業は**本国中心主義**が強く，海外子会社の労働者は現地雇用しても経営は日本人がおこなうことが一般的であること，などが挙げられる。こうしたことから，日本企業は経営のグローバル化（**グローバリゼーション**）と同時に経営の現地化（**ローカライゼーション**）も求められている。

（3）多国籍企業に関する代表的な研究

① ストップフォード（J. M. Stopford）＝ウェルズ（L. T. Wells）の段階モデル

ストップフォード＝ウェルズの「**段階モデル**」とは，企業が国際化する場合において採用する経営戦略に合わせて組織形態が段階的に変化していくことを指摘したモデルである。

ストップフォード＝ウェルズによれば企業が採用する組織形態は以下のようになる。

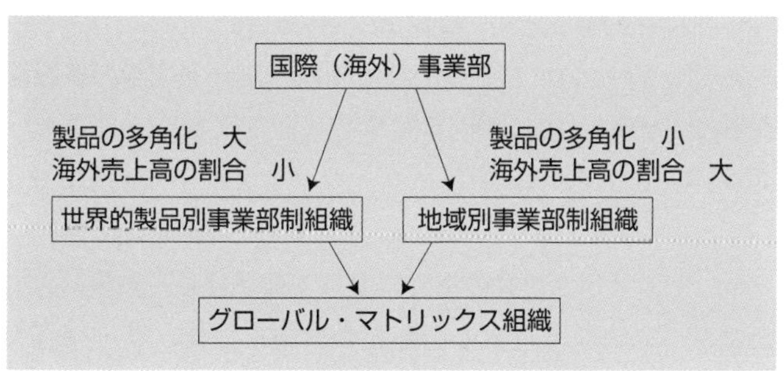

［段階モデル］

1）国際事業部

海外における事業が，国内事業と比べて小さく，海外における製品の多角化も総売上高に占める海外売上高も低い段階では，本国親会社のなかに海外事業を専門的に担当する**国際事業部**（日本では海外事業部という名称が一般的）が設置される。

2）世界的製品別事業部制組織または地域別事業部制組織

さらに国際化が進むと，国際事業部では国際化に対応しきれなくなるため組織形態の変更が必要になってくる。しかし，その場合には企業のとる戦略によって採用する組織形態が変わってくる。

総売上高に占める海外売上高の割合の増大よりも海外での製品の多角化がより進んだ場合には，**世界的製品別事業部制組織**が採用される。

それに対して，総売上高に占める海外での製品の多角化よりも海外売上高の割合の増大のほうが大きかった場合には，**地域別事業部制組織**が採用される。

3）グローバル・マトリックス組織

さらに国際化が進み，総売上高に占める海外売上高の割合と海外での製品の多角化の両方が十分に増大した場合には，世界的な規模でのマトリックス組織（**グローバル・マトリックス組織**）が採用される。

② ハーバード大学多国籍企業プロジェクトの研究

ヴァーノン（R. Vernon）らを中心とする**ハーバード大学の多国籍企業研究プロジェクト**は，1960年代に多国籍企業の先駆的な研究をおこない，アメリカの大企業の国際化が，プロダクト・ライフサイクル・モデルに沿うように進展していることを主張した。

ヴァーノンらはアメリカ企業の海外における競争優位を技術に着目して説明した。すなわち，アメリカ企業の国際化の段階を技術によって導入期，成熟期，標準化期に分類し，多国籍化とは，技術的優位が徐々に本国から他国へと移転される過程だと主張した。

1）導入期…技術的優位をもつ本国で新製品を生産・販売する段階

2）成熟期…前期―国内で大量生産をおこない，その一部を先進国（欧州など）へと輸出する段階

後期―先進国へと生産拠点を移転し，先進国に技術移転をおこなう段階

3）標準化期…発展途上国（南米，アジア）へ輸出を開始し，やがて標準的技術をもった生産拠点を移転する段階

すなわち，**アメリカの大企業は国内（アメリカ）→先進国（欧州）→発展途上国（南米やアジア）という段階で国際化を進めやがて多国籍企業に至った**，という主張をおこなった。代表的にはコカ・コーラやGM，P&G（プロクター・アンド・ギャンブル）等がこのプロセスに沿って多国籍企業へと成長していった。

③　トランスナショナル企業

ストップフォード＝ウェルズの提唱した段階モデルは多くのコンサルタントなどによって利用されるようになったが，多国籍企業が世界中にその活動を広げるなかでグローバル・マトリックス組織が必ずしもうまく機能しないことが1980年代頃から指摘されるようになった。

こうしたなかで1980年代後半にバートレット（C. A. Bartlett）＝ゴシャール（S. Ghoshal）が主張したのが「**トランスナショナル企業**」という新しい多国籍企業のモデルである。

トランスナショナル企業とは，本国親会社と地域ごとに地域の状況に適応した子会社を構成要素とした柔軟なネットワーク組織である。トランスナショナル企業の代表例としては，ヨーロッパのABB社（アセア・ブラウン・ボベリ）である。

〈参考〉多国籍企業に関する用語

企業の国際化が進展するにつれて，多国籍企業，グローバル企業等国際化した企業をあらわすさまざまな用語が登場するようになった。こうした用語は研究者によって用語の使用法がまちまちであり，一概に定義づけることは難しいといえる。

一般的には，1980年代頃から多国籍企業が活動する市場をさらに広げ，海外子会社が先進国だけでなく発展途上国にも設立されるように

なり，世界市場を舞台に活躍するようになると，多国籍企業ではなく「**グローバル企業**」とよばれるようになる。多国籍企業は，どちらかといえば，本国にある本社に権限が集中し，海外子会社を戦略的な道具として利用する機構であるのに対して，グローバル企業では権限が各国に分権化し，海外子会社は自律的に活動しているなどの違いがある。

しかし，こうした定義や差異にしても絶対的なものではなく，用語の使用法や意味もまちまちであるというのが現状である。

ポイント整理

1 国際化の定義

「企業活動にともなって，経営資源が国境を越えて移動するようになること」を企業の国際化という。

2 国際化の動機

① 新市場の開拓

- 自国の市場の成熟化，自国での激しい競争の回避，海外に大きなマーケットが存在している，などが国際化の理由となる。
- 製品輸出，現地の支店・子会社での営業活動の展開という形をとる。

② 低コスト化

- 安価な人件費や原材料費などの獲得が目的である。
- 通常，開発途上国へ生産拠点を移す。

③ 貿易摩擦の回避

- 相手国政府の輸入規制や関税引き上げといった措置への対応が，国際化の理由となる。

Exercise

問題　経営の国際化に関する次の記述のうち，妥当なものはどれか。

1 米国の自動車メーカーは，大・中型車は本国で，小型車は海外で生産するということが多いが，この国際化のタイプは，垂直的国際化といえる。

2 日本では，1980 年代の中ごろ以降，水平的国際化によって海外に進出する企業が多くみられるようになったが，これは貿易摩擦回避のために，輸出に代えて現地生産を増やす必要性に迫られてのことと考えられる。

3 海外に現地地域統括子会社を設置する段階では，本国の本社とのコミュニケーションを円滑に図るためにも，その子会社の経営トップは本国から派遣された人物が占めるべきである。

4 企業が新市場を求めて国際化する場合，その海外進出の形態としては，現地に工場ないし生産子会社を設立するというものになる。

5 輸出相手国において，自社製品に対する保護貿易措置がとられた場合，現地の販売代理店を使用するなどの対抗策がとられるべきである。

解説

1 誤。垂直的国際化は，生産の各工程を各国で分業するタイプの国際化であり，製品の種類ごとに分業するのではない。

2 妥当な記述である。経営学の知識というよりは，一般常識が問われる問題といえるが，こういった問題についても注意が必要であろう。

3 誤。この段階では，もはや「頭（トップ）は日本人，手足（従業員）は現地人」といういわゆる「植民地方式」は通用せず，企業の現地化を推進していく必要がある。

4 誤。新市場の獲得を目的とする場合，通常，輸出ないし販売子会社の設置という形態がとられる。

5 誤。**2**にもあるように，保護貿易的な措置への対抗策は現地生産である。

解答　2

その他

重要度
★★☆

2 日本的経営論

この節では，日本的経営とよばれる日本の企業の経営スタイル・システムの概略とその諸問題に若干触れたいと思います。

1．日本的経営スタイル

現在では，終身雇用や年功序列は崩れつつあるといった議論もされているが，ここでは，大企業を中心に1950年代後半以降みられるようになった，日本企業に特徴的といわれる経営スタイルを整理しておくこととする。ただし，1990年代後半から，日本的経営は，変化を余儀なくされており，以下の記述は，1990年代前半頃までの日本企業の経営スタイルと考えてもらいたい。

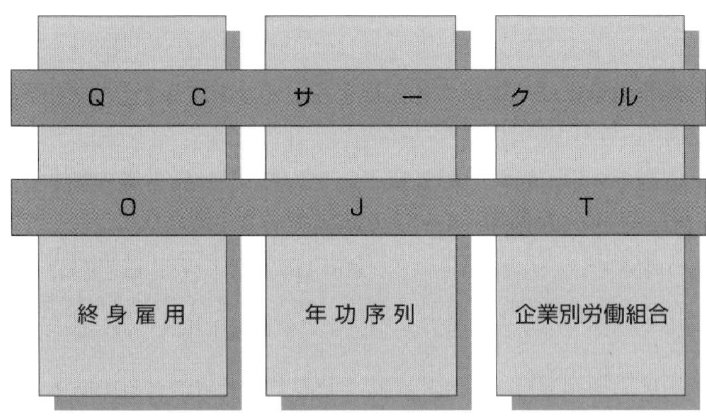

［日本的経営の特徴］

（1）終身雇用

終身雇用とは，**定年まで会社が雇用を保証**するという雇用慣行のことである。終身雇用のメリットとしては，労働者のモチベーションが高まりやすく，企業も教育投資を拡充して労働者への技術やノウハウの蓄積を図ることができるという点がある。一方で，デメリットとしては簡単には解雇できなくなり，不況期にはそれが足かせになるとの指摘もある。

米国企業では，中途採用やレイオフ（解雇）も多く，どちらかといえば短期雇用の側面が強いといえる。

（2）年功序列

年功序列とは，**年齢と勤続年数を基準にして昇進や昇給が決まるような人事慣行**のことである。年功序列のメリットとしては将来昇給するとの期待があり，若いうちに比較的低賃金でも従業員の不満が少ないこと，また，若いころに辞めてしまっては損をするので，従業員の定着率が高まり，終身雇用の維持に役立つこと，などが挙げられる。

米国企業では，昇進や昇給は，能力主義・実績主義でおこなわれるという側面が強いといえる。

（3）企業別労働組合（企業内労働組合ともいう）

企業別労働組合とは，**労働組合が企業別に構成**されていることを意味する。

企業別労働組合の場合，組合は企業と運命共同体となるため組合も経営のことを考える。しかも年功序列であるから，組合の幹部もやがて出世し課長や部長といった非組合員になる。その結果，労働組合と経営者側が基本的に同じ利益を追求することになり，いわゆる「**労使協調路線**」が確立する。

米国企業では，労働組合は企業の枠を超えて産業別（業種別）・職能別に構成されていることが多く，労使対立も日本と比較すると激しいといえる。

＊注　終身雇用，年功序列，企業別労働組合は，日本的経営の「三種の神器」とよばれることもある。

（4）新卒者の一括採用とOJT

終身雇用と年功序列を支えるのが，新規学卒者の定期的な一括採用である。中途採用が多いと，従業員の能力と勤続年数との関係がばらばらになり，年功序列的な賃金支払いが困難になる。年功序列を可能にするためには，従業員のスタートラインをそろえる必要がある。

採用された新規学卒者は，企業内部で教育され，人材として育成されていく。その手法が**OJT**（オン・ザ・ジョブ・トレーニング，on the job training）と**ジョブ・ローテーション**である。OJTとは，**仕事の実践を通して**

必要な能力を身につけさせていく方法であり，ジョブ・ローテーションとは，**配置転換**のことである。日本のように終身雇用が前提であれば，企業は時間と金をかけて人材を育てることができるというわけである。

したがって，日本企業の従業員は，会社の業務全般について広く浅い知識を身につけた**ゼネラリスト型社員**になりやすい。また，新卒者の一括採用と終身雇用制度のもとでは，日本の労働市場は著しく流動的でないということができる。

米国企業では中途採用やレイオフが多く，労働市場がより流動的であり，査定も能力主義，実績主義であることから，特定の専門分野についてより深い汎用的な知識を身につけた**スペシャリスト型社員**になりやすい。

(5) 稟議（りんぎ）

稟議とは，**最終的な意思決定に至る過程で，複数の管理者・担当者からの合意を取りつけるための仕組みである**。日本の管理組織における集団主義的意思決定（集団責任）を支えている制度といえる。

米国企業においては，その意思決定は個人主義的意思決定（個人責任）でかつ，**トップダウン型**であるといわれるが，集団の合意形成を重視したこの稟議制度は，**ボトムアップ型**の意思決定と表現できる。

(6) 家族主義的，全人的結合

一般に日本企業では家族主義的，全人格的な結びつきが雇用者と被雇用者，あるいは被雇用者同士にみられる。このことは，日本企業の福利厚生制度の手厚さにもみてとれる。家族手当，住宅手当，社宅や保養施設の整備など，これらの制度は，単なる生活補助ではなく，慣行としての従業員の家族への配慮といった意味合いももっているといわれている。

2．米国企業の経営スタイルとの相違

以上のような日本的経営の特徴と，米国企業の経営スタイルを対比しつつ簡単にまとめると，次の表のようになる。

〈米国の経営スタイルと日本の経営スタイル〉

米　　国	日　　本
・短期雇用	・終身雇用
・スペシャリストとしての昇進	・ゼネラリストとしての昇進
・個人による意思決定	・集団による意思決定
・トップダウン型の意思決定	・ボトムアップ型の意思決定
・個人責任	・集団責任
・業種別組合	・企業別組合

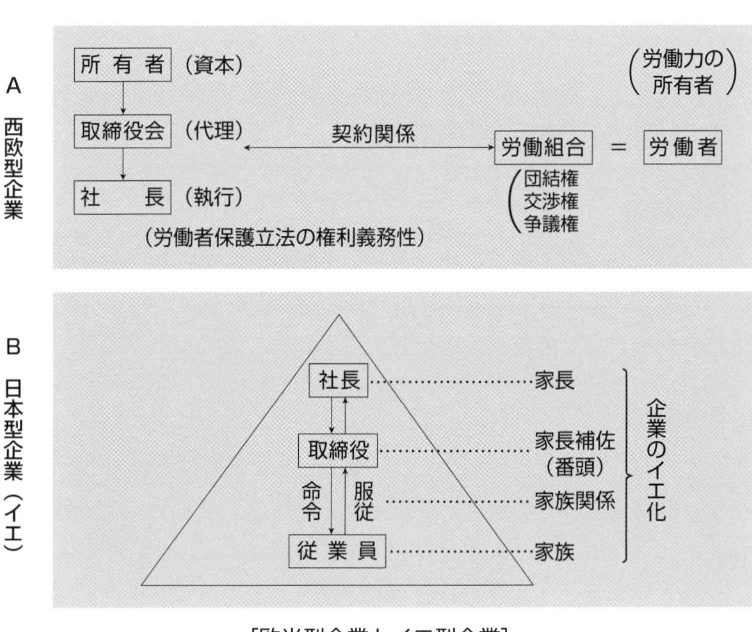

[欧米型企業とイエ型企業]

3．日本的経営スタイルの問題点

(1) 企業の固定費を高める

終身雇用を前提とすると，人件費が固定費とみなされ，その分企業の固定費が高くなる。企業にとって固定費が高いことは特に不況期においてマイナス要因となる。この点，人件費を変動費ととらえている米国企業と対照的である。

（2）若い世代の活躍の機会が少ない

年功序列の慣行のもとでは，若い人々が大きな仕事をする機会が限定され，彼らの育成にはマイナスとなる。

（3）企業を離れる自由の欠如

労働市場が流動的でない日本では，企業に対し不満があっても企業にとどまらざるを得なくなることが多い。したがって，企業に籍をおく人々は，企業を離れる自由が欠如しているとの感覚をもつことが多い。

4．その他の日本企業の特徴

（1）所有構造

この点については第1章で論じたとおり，株式の相互持合，安定株主の存在といった特徴がある。日本企業は株主からの圧力が小さいため，利益追求よりも売上高拡大やシェア拡大を追求することが多かった。

（2）資金調達

第1章でも論じたが，資金調達上の特徴として，銀行借入れを中心とする負債，つまり**間接金融**（その対比として株式を発行し，市場から直接調達するのが直接金融）主体の方式が挙げられる。安定株主の1つとして銀行（メインバンク）が存在するということは，この資金調達の特色と関連している。なお，この特色は1990年代以降，変化している。

（3）企業間関係

日本の企業間関係の特徴として挙げられるのは，資本関係や取引関係を基盤とした長期安定的な関係の存在である。具体的には，企業集団，企業系列である。

①　企業集団（ヨコの企業系列ともいう）

企業集団とは，株式の相互持合を基礎とした対等関係にある複数企業のグループである。集団内の企業同士の関係の緊密さはケース・バイ・ケースだが，一定の取引関係を保っていることは事実である（たとえば，三菱重工が三菱商事を外して三井物産と取引をすることは通常はない）。

② 企業系列（タテの企業系列ともいう）

企業系列とは，原材料の購入から製品の販売に至るタテの流れに沿った企業間取引が長期安定的におこなわれる企業のグループのことである。たとえば，部品メーカーと加工組立メーカーや，メーカーと流通企業などの継続的な取引関係である。トヨタ自動車とその下請け企業群などが典型的な例といえる。こういった企業系列は，納期や品質などの面で互いに調整がとりやすく，取引コストを削減できるというメリットがある。しかし，外部の企業はこの関係に参入できないので，米国はこれを非関税障壁として批判してきた。

（4）日本的生産システム

日本の特に，自動車，家電産業でみられる生産システムは独特であり，海外からも注目されてきた。この日本的生産システムは，**トヨタ・システム**，**リーン生産方式**など，さまざまなよび方がされるが，以下のような特徴をもっている。

① QC サークル（quality control：品質管理）

QC サークルとは，職場（生産現場）の従業員による業務改善のための小集団活動である。近年では，**全社的品質管理**（TQC = Total Quality Control）ともよばれる。そこでは，従業員が少人数のグループを組織し，職場作業の改善活動をおこなう。**改善活動**とは，現場で発生する問題を自分たちで把握し，その原因を究明し，その改善策を自分たちで立案・実行するという活動である。

② カンバン方式

カンバン方式とは，「**必要なものが，必要なときに，必要なだけ**」生産ラインの各ポイントに届けられるように，生産の各工程間で緊密な調整を図るための仕組みのことである。これにより中間在庫の大幅な削減が可能となる。後工程が前工程に対して，必要な部材の量と期日を「カンバン」とよばれる指示書で示し，それに基づいて前工程が作業をおこなうというものである。カンバン方式は，トヨタ自動車がアメリカのスーパーマーケットの在庫管理方式からヒントを得て考案したものでジャスト・イン・タイム（JIT, just in time）方式ともよばれ，世界で採用されている。

③ 自働化

「ニンベン」のついた**自働化**とは，単なる自動化ではなく人の手を介した自働化であり，「カンバン方式」と並びトヨタ生産方式の根幹をなしている。アメリカの自動車会社のオートメーション化（自動化）された生産ラインでは，生産ラインの停止は上級管理者の権限でありたとえ不良品が出てもラインは停止はされなかった。しかしトヨタでは品質管理のために，ライン作業員は問題が発生（機械の故障や部品の不足）すると自らラインを止め，さらに生じた問題を集団で解決する。

〈参考〉セル生産方式

近年，生産現場において注目されている生産方式がセル生産方式である。**セル生産方式とは，ベルトコンベヤーを廃止して，セルとよばれる作業台で組立から検査まで1人またはチームでおこなう生産方式のこと**である（屋台生産方式というよび方もある）。日本のセル生産方式ではキヤノンなどが有名である。

従来のベルトコンベヤーを利用したライン式の生産方式では，多品種生産に対応しにくい，ラインのスピードを非熟練者に合わせることになり熟練が無駄になる，従業員のモチベーションが上がりにくいなどの欠点があったが，セル生産方式では，多品種生産に適合的，能力主義・実績主義の評価をおこないやすく，人間性の疎外も少ないため従業員のモチベーションが向上しやすい，などの長所がある。

5．日本的経営論の学説史

日本的経営については国内や海外のさまざまな研究者が論じているが，以下に代表的な研究を紹介しておくこととしたい。

（1）戦後～ 1960 年代の研究

戦後から 1960 年代までは，日本的経営に関しては比較的批判的な見解が一般的であった。すなわち，先進的な欧米型の企業経営に比べて，終身雇用や年功序列などは前近代的な家父長主義的な流れをもつ遅れた経営スタイルであるという評価である。

①　アベグレン（J. C. Abegglen）『日本の経営』（1958 年）

1950 年代に日本の工場を調査し，アメリカの工場と比較して日本の工場の特徴は「**終身コミットメント**」（終身雇用と類似の概念である）等にあることを指摘した。**アベグレン**は当時の日本の工場は非生産的であるという否定的な見解をもっていた。

②　小野豊明『日本的経営と稟議制度』（1960 年）

小野豊明は日本的経営（**稟議的経営**ともいう）の特徴として稟議制度を中心に捉えている。稟議制度では職能の分担が不十分で責任も明確でないため変革が必要であると考えていた。

③　間宏『日本的経営の系譜』（1963 年）

間宏は，戦前の日本的経営の特徴を**経営家族主義**であると指摘し，戦後の日本的経営は戦前の経営家族主義を再編成したものであるとした。

（2）1970 年代の研究

日本経済が，1960 年代に高度成長期を迎えるにつれて，1970 年代に入ると欧米の研究者による日本的経営の再評価がおこなわれるようになった。すなわち，日本的経営を前近代的と考え否定的にとらえるのではなく，より積極的に肯定的に捉えようとする考え方である。さらに，それに続いて日本国内でも日本的経営は再び論議されるようになった。

①　アベグレン『日本の経営から何を学ぶか』（1973 年）

前出のアベグレンも1970年代に入ると日本的経営を肯定的にとらえる見解に転換した。

② ドーア（R. Dore）『イギリスの工場・日本の工場』（1973年）

イギリスの社会学者である**ドーア**は，日本の工場をイギリスの工場と比較調査をおこない，集団主義的経営が特徴であると指摘したが，ドーアはそれを前近代的なものではなく，経営の先端的なスタイルとして評価した。

③ 津田眞澂『日本的経営の擁護』（1976年）

津田眞澂は戦前の経営が家族主義的であったのに対して，戦後の経営はそれとは**異なる主義**によって編成されていると主張した。

④ 岩田龍子『日本的経営の編成原理』（1977年）

岩田龍子は津田とは対照的に，戦前戦後の日本的経営には**一貫した原理**が存在していたと主張し，その原理を，日本の伝統的な社会や文化などに求めた。

（3）1980年代の研究

1980年代に入るとアメリカ企業が国際的な競争力を失う一方で，日本企業は国際競争力を増大させていった。こうしたなかで，アメリカでは日本企業の躍進の原因を日本的経営に求め，その長所を取り入れようという動きが出てきたのである。

① オオウチ（W. Ouchi）『セオリーZ』（1981年）

オオウチはアメリカ企業の理念型をタイプA，日本企業の理念型をタイプJと分類した。前者は短期雇用，専門化した昇進，明確な管理機構，個人的意思決定などを特徴とする経営スタイルであり，後者は終身雇用，非専門化した昇進，曖昧な管理機構，集団主義的意思決定を特徴とする経営スタイルである。しかし，アメリカ企業のなかにはIBM，P&Gのようにタイプ J と類似した企業があり，それをオオウチは**タイプZ**と名づけた。タイプZとタイプJとの違いはタイプZが個人責任であるのに対しタイプJは集団責任であることである。このことはアメリカ企業が日本的経営（タイプJ）を取り入れることが可能であることを示唆している。

② MITによる日本的生産システムの研究『リーン生産方式が，世界の自動車産業をこう変える』（1990年）

ウォマック（J. P. Womack）ら**MIT**（マサチューセッツ工科大学）を中心とする研究プロジェクトは自動車産業に関する国際的な比較調査をおこない，日本企業がとる生産システムを「**リーン**（ぜい肉のないという意味）**生産方式**」と名づけ，自動車生産システムの将来的な主流としてとらえた。

（4）1990年代以降

ところが，1990年代後半に入ると日本はバブル経済崩壊後の長い不況に突入し，日本的経営の見直しがおこなわれるようになった。したがって，近年では大規模なリストラや能力給制度の導入などがおこなわれるなど，現代は日本的経営の変革期であるということができる。

ポイント整理

1 日本的経営スタイル

いわゆる三種の神器（終身雇用，年功序列，企業別労働組合）をはじめとする日本企業特有の経営スタイルとしては，以下のものを挙げることができる。

① 終身雇用

② 年功序列

③ 企業別労働組合

④ 新卒者の一括採用とOJT

⑤ 稟議

⑥ 家族主義的，全人的結合，手厚い福利厚生

2 米国企業の経営スタイルとの対比

① 雇用形態（短期雇用か長期雇用か）

② スペシャリストとゼネラリスト

③ 意思決定方式（トップダウンかボトムアップか）

④ 責任の所在（個人か集団か）

⑤ 組合形態（職能別か企業別か）

3 日本的経営スタイルの問題点

① 企業の固定費を高める

② 若い世代の活躍の機会が少ない

③ 企業を離れる自由の欠如

4 その他の日本企業の特徴

① 所有構造（第 1 章参照）

② 銀行借入れ中心の資金調達（特に 1980 年代前半まで）

③ 企業集団・企業系列

④ QC サークル ⎫
⑤ カンバン方式（JIT）⎭ トヨタ・システム

5 日本的経営論の学説史

① 戦後～ 1960 年代…否定的

- アベグレン「終身コミットメント」
- 小野豊明「稟議」
- 間宏「経営家族主義」

② 1970 年代…肯定的

- アベグレン，ドーア，津田，岩田

③ 1980 年代…日本からの学習

- オオウチ「セオリー Z」
- MIT「リーン生産方式」

④ 1990 年代…変革期

Exercise

問題①　日本的経営論に関する次の記述のうち，妥当なものはどれか。

1 文化論的アプローチをとった岩田龍子によると，経営制度は，人々の心理特性に支えられた志向性と適合しないと存続できない。わが国においてこれらの間の適合的な関係を導くための原理が，日本的経営の編成原理にほかならず，その1つに「調和的関係の維持」という原理がある。

2 第二次世界大戦前の日本的経営の特質を経営個人主義と規定した間宏は，経営個人主義イデオロギーを経営者の従業員に対する恩情主義ととらえた。このイデオロギーに支えられた管理施策としては，企業内組合，終身雇用制，年功的賃金制度，企業内福利厚生制度の4つがある。

3 小野豊明は，戦前わが国の企業のマネジメントで制度化されていたのは昇進制度としての稟議制度しかなかったと断じて，これに支えられた日本的経営の全体的特質を稟議的経営とよんだ。昭和30年代以降の経営革新は，この集権的経営制度が果たしたマネジメントの機能を，他の制度や施策によって発展的に解消していった過程ととらえられた。

4 津田眞澂によれば，企業が従業員の共同生活体の外部に存在する点に日本的経営の特徴があるという。共同生活体は，人々の家庭・社会生活の基盤となる場であって，工業化の先発地域である欧米では家庭の内にある企業がそれに該当し，後発国であるわが国では家庭を含む地域コミュニティーが該当する。

5 わが国が高度成長時代から低成長時代に入ると，日本経営は一転して低く評価されるようになった。たとえばJ・C・アベグレンは，終身雇用を1950年代には，労働力を成長分野に効率的にシフトさせ，急速な技術革新を可能にした一要因であると高く評価していたが，70年代になると，労働力の非移動性をもたらし生産性を低める一要因とみなすようになった。

解説

本問はかなり難易度の高い問題といえる。このような内容まで把握しておく必要はないが，参考までに載せておくので，力試しのつもりで取り組んでおいてもらいたい。

1 妥当な記述である。岩田氏は日本的経営の編成原理として7つ示しており，そのうちの1つに「調和的関係の維持」を挙げている。

2 誤。厳密にいえば，間氏は戦前の日本的経営の特質を恩情的集団主義をベー

その他

スに経営家族主義と要約しており，戦後の特質について集団主義をベースに経営福祉主義と規定しているのである。ただ，いずれにしても経営個人主義とは対極に位置する概念であることは事実であり，この記述は妥当ではない。

3 誤。前述のように，稟議制度は昇進制度ではない。それ以外の記述は妥当なものといえるが，この点は大きな誤りである。

4 誤。津田氏によれば，欧米の生活共同体の典型は地域コミュニティーであり，日本では企業が従業員にとっての生活共同体となっている，ということになる。つまり，この記述はまったく逆になっており，不適切である。

5 誤。アベグレンは，1950年代には終身雇用を否定的にみていた。しかしながら，1970年代に入ると，「終身雇用は労働力の非常に能率的な配分に役立つ」として，その評価を改めている。その意味で，この文章も逆になっており，妥当ではない。

解答 1

問題② 従来の日本の企業と経営に関する次の記述のうち，妥当なものはどれか。

1 日本企業は，米国企業よりも充実した研修制度をもっており，ゼネラリストよりもスペシャリストを養成する傾向が強い。

2 日本企業の経営者は，米国企業の経営者と比較すると，短期的な株価の上昇を経営の重要な目標と考える傾向にある。

3 日本企業の資金調達は，米国企業と比較すると，おおむね外部資金，特に銀行からの借入れに依存する傾向があるが，最近では資本市場からの調達の割合が増加している。

4 F・W・テーラーによって提唱された「科学的管理法」とは，作業現場ごとに品質管理・品質向上のための研究グループを設けることにより，生産性を向上させる経営管理方式であり，日本の企業経営にも採用されている。

5 一般的な日本企業の配当政策は，配当性向を毎期一定に維持していこうというものである。これに対し米国企業において一般的な配当政策は，1株当たりの配当額を毎期一定に保っていこうというものである。

解説

1 誤。逆である。日本企業ではゼネラリストを養成しようとする傾向が強い。

2 誤。これも逆。米国の経営者のほうが短期的な株価の上昇に敏感である。

3 妥当な記述である。

4 誤。この記述は，QCサークルについてのものである。

5 誤。逆である。つまり日本企業では，1株当たりの配当額を毎期一定に保とうとする配当政策が主流であり，米国企業では，配当性向を毎期一定に保つという政策が主流である。ここで配当性向とは，企業の税引き後利益のうち配当に回される金額の割合のことを意味する。それゆえ，配当性向を一定に保つということは，企業の利益の変動によって株主への配当も変動するということにほかならない。

解答　3

重要度
★★☆

3 リーダーシップ論

組織内の構成員をやる気にさせ，目的に向けて導くうえで，組織全体や組織内の集団のリーダーシップは非常に重要です。

1．リーダーシップの意義

経営管理の１つの分野としてリーダーシップ論がある。

リーダーシップにはさまざまな定義があるが，一般的には「**目的の達成に向けて組織構成員に影響を及ぼすプロセス**」であると定義される。

リーダーシップ論にはさまざまな研究があるが以下に，代表的なものを挙げる。

2．資質理論（特性理論）

（1）時代背景

20世紀初頭から1940年代頃までのリーダーシップ論は「資質理論（特性理論）」とよばれた研究スタイルが盛んであった。

（2）資質理論の特徴

資質理論では**リーダーのもつ個人の資質に焦点を当てた研究**で優れたリーダーに共通して備わっている人格や資質（年齢，容貌，地位，知識，責任感，人気等）を明らかにしようとした。

（3）資質理論の限界

資質理論では，研究者によって列挙する資質が異なり，普遍的な特性を一般化することが困難であった。

3．行動科学的リーダーシップ論

（1）時代背景

資質理論が限界を迎えるなかで，**1950年代～60年代**にかけて**行動科学的リーダーシップ論**が盛んになった。

（2）行動科学的リーダーシップ論の特徴

優れたリーダーのとる行動類型（リーダーシップ・スタイル）を明らかにしようとした研究である。

（3）主要な研究

① アイオワ研究

1）レビン（K. Lewin），リピット（R. Lippitt），ホワイト（R. White）らによる研究で，リーダーシップ・スタイルを専制的リーダーシップ，民主的リーダーシップ，自由放任的リーダーシップの3つに分類し，**アイオワ大学**でリーダーシップ・スタイルと成果との関係を調査した。

2）その結果，**民主的リーダーシップ**が集団凝集性，メンバーの積極性や満足度，作業の成果などの点で他のリーダーシップ・スタイルとくらべ，比較的**有効**であるとした。

3）専制型リーダーシップは，作業の成果については同程度の成果は上がるがメンバーの満足度などが低くなり，自由放任型リーダーシップはすべての面で最低の結果になった。

② オハイオ研究

1）**オハイオ研究**ではハルピン，ウィナー，フライシュマンらがさまざまな状況に置かれた集団に対して膨大な調査をおこなった結果，リーダーシップは**構造作り**（initiating structure）と**配慮**（consideration）という2つの次元の要因からなるとした。いわゆる**リーダーシップの２要因理論**である。

2）構造作りとはメンバーの集団の目標達成に向かって，リーダーが目標達成に必要な仕事の構造（自己と部下の役割の定義等）を示す仕事中心のリー

その他

ダーシップである。

3）配慮とは，集団の凝集性を高めるために，リーダーがメンバーとのあるいはメンバー同士の人間関係に対して配慮し，相互信頼や良好な対人関係を作り上げる人間中心のリーダーシップである。

③ オハイオ研究以降の２要因理論

オハイオ研究以降，構造作りと配慮の２要因はさまざまな形で解釈されていった。

1）ミシガン研究

ミシガン研究は，リッカート（R. Likert）らによる研究で，リーダーシップ・スタイルを生産志向型リーダーシップと従業員志向型リーダーシップに分類した。従業員志向型も生産志向型も生産性は上がったが，生産志向型のほうがメンバーの満足度が下がるため**従業員志向型が最も有効**であるとした。

その後リッカートは２要因に沿ってリーダーシップ・スタイルを分類し，そのリーダーシップ・スタイルが，組織のシステムの特性を決定し，さらに組織のシステムの特性が企業の成果を決定するという因果関係を明らかにした。リーダーシップ・スタイルをシステムⅠ（独善的専制スタイル），システムⅡ（恩情的専制スタイル），システムⅢ（相談型スタイル），システムⅣ（集団参加型スタイル）に分類し，調査をおこなった。その結果システムⅠでは従業員は不信感が募り従業員満足度が低く，能率は一定以上は上昇しなかったが，対照的に**システムⅣ**では，従業員満足度，能率ともに高くなった。

〈参考〉リッカートの連結ピン

リッカートが主張した組織理論上の有名な概念に**連結ピン**がある。リッカートは上司と部下が命令統制により個対個で結びつく伝統的な個人結合型組織を批判し，小集団が集まったグループ型組織のほうが集団的意思決定を可能にし，高い能率と動機づけをもたらす組織であることを主張した。上司は自集団のリーダーであるとともに上位集団の一メンバーとして上位の集団と下位の集団を連結する連結ピンとしての役割があることを指摘した。

2）マネジリアル・グリッド

マネジリアル・グリッドは，ブレイク（R. R. Blake）やムートン（J. S. Mouton）による研究で，リーダーシップ・スタイルを生産（業績）への関心と人間への関心の二次元から分類した。その結果，**生産への関心と人間への関心の双方が高い９・９型マネージャー（チーム・マネジメント型）が最も有効**であるとした。

3）PM 理論

PM 理論は，三隅二不二による研究で，リーダーシップ・スタイルを目標達成（遂行）機能（Performance；P 機能）と集団維持機能（Maintenance；M 機能）の二次元から分類した。その結果，**P 機能と M 機能の双方が高い PM 型（その対極は pm 型とよばれる）のリーダーシップのもとではいかなる集団でも高い業績を示す**という主張をした。

〈オハイオ研究以降の 2 要因の対応関係〉

研究名	研究者	2 要因		結　論
オハイオ研究	ハルピン等	構造作り	配慮	—
ミシガン研究	リッカート等	生産志向型	従業員志向型	従業員志向型が有効
マネジリアル・グリッド	ブレイク＝ムートン	生産への関心	人への関心	9･9型マネージャーが有効
PM理論	三隅二不二	目標達成(P)機能	集団維持(M)機能	PM型が有効

（4）行動科学的リーダーシップ論の限界

行動科学的リーダーシップ論は，結局のところ，いつかなる状況のもとでも有効な普遍的なリーダーシップ・スタイルが存在していることを仮定していることになる。たとえば，PM 理論では PM 型のリーダーシップの有効性が強調されている。

しかし，**現実にはあらゆる状況において普遍的に有効なリーダーシップ・スタイルを追求することは困難**であるという見解が出てくることとなった。

その他

4．リーダーシップのコンティンジェンシー理論

（1）時代背景

リーダーシップのコンティンジェンシー理論（条件適合理論，状況適合理論）は行動科学的リーダーシップ論の研究が行き詰まりを見せるなか，**1960年代以降始まった研究**である。

（2）リーダーシップのコンティンジェンシー理論の特徴

リーダーシップのコンティンジェンシー理論は，リーダーシップの有効性に，状況という第3の要因が影響を与えるのではないかという考え方をとっている。すなわち，**リーダーシップ・スタイルは，普遍的なものではなく，リーダーや部下の置かれた状況に依存するというのがこの理論の特徴**である。

（3）主要な研究

① フィードラー（F. E. Fiedler）の研究

1）フィードラーはリーダーシップはタスクの構造化の程度，リーダーと部下の関係の良好度，リーダーの権限の強弱などの状況に依存することを明らかにしそれを「リーダーシップのコンティンジェンシー理論」とよんだ。

2）フィードラーはLPC尺度（最も一緒に仕事をしたくない人をイメージしてもらう尺度方法）を用いて，他者に対する好意の度合いを評点させ，最も高い人を人間関係志向的な関係動機付けリーダーとし，最も低い人を仕事中心型のタスク動機付けリーダーに分類しそれぞれのリーダーが有効な状況を調査した。

② ハーシー（P. Hersey）＝ブランチャード（K. H. Blanchard）の研究

ハーシー＝ブランチャードはブレイク＝ムートンのマネジリアルグリッドに部下の成熟度（部下の目標達成意欲，責任分担の意思と能力，集団における経験）という状況要因を導入し研究した。彼らの研究は**シチュエーショナル・リーダーシップ理論（SL理論）**とよばれている。

こうした多くの実証研究によって，いかなる状況でも有効なリーダーシッ

プ・スタイルは存在せず，有効なリーダーシップ・スタイルは上司や部下の置かれた状況によって変化することが明らかとなった。

5．その他のリーダーシップ論

その他に以下のようなリーダーシップ論もある。

① バーナードの「道徳的リーダーシップ論」

② セルズニックの「制度的リーダーシップ論」

③ シャインの「文化的リーダーシップ論」

ポイント整理

1 リーダーシップの意義

目的の達成に向けて組織構成員に影響を及ぼすプロセス

2 資質理論（特性理論）

- 20 世紀初頭から 1940 年代頃までの研究
- 優れたリーダーに共通して備わっている人格や資質を明らかにしようとした研究
- 研究者によって列挙する資質が異なり一般化することが困難

3 行動科学的リーダーシップ論

- 1950 年代から 60 年代頃にかけての研究
- 優れたリーダーのとる行動類型（リーダーシップ・スタイル）を明らかにしようとした研究
- アイオワ研究…レビンら

  専制的，民主的，自由放任的に分類

  民主的リーダーシップが有効
- オハイオ研究…ハルピンら

  リーダーシップは「構造作り」「配慮」の二次元からなる

●オハイオ研究以降の２要因の対応関係

研究名	研究者	２要因		結　論
オハイオ研究	ハルピン等	構造作り	配慮	—
ミシガン研究	リッカート等	生産志向型	従業員志向型	従業員志向型が有効
マネジリアル・グリッド	ブレイク＝ムートン	生産への関心	人への関心	9･9型マネージャーが有効
PM理論	三隅二不二	目標達成(P)機能	集団維持(M)機能	PM型が有効

4 リーダーシップのコンティンジェンシー理論

●リーダーシップの有効性は，リーダーや部下の置かれた状況に依存するという考え方に基づく研究

●フィードラー…LPC 尺度を用いた研究

●ハーシー＝ブランチャード…SL 理論

5 その他のリーダーシップ論

●バーナード（道徳的リーダーシップ論），セルズニック（制度的リーダーシップ論），シャイン（文化的リーダーシップ論）

Exercise

問題　リーダーシップ論に関する次の記述のうち，妥当なものはどれか。

1 F・E・フィードラーは，そのコンティンジェンシー理論において，効果的なリーダーシップのスタイルは，リーダーが直面する集団の特徴には関係なく，つねに人間関係に配慮する対人関係動機型のスタイルであると主張した。

2 ブランチャードは，そのコンティンジェンシー理論において，効果的なリーダーシップのスタイルは，いかなる環境下においても，部下を意思決定の場に参加させて集団討議をおこなう参加的リーダーシップが望ましいと主張した。

3 F・W・テーラーは，その意思決定論において，目的を達成するための「制度」としての組織に価値を吹き込んで，組織の基本的な社会的使命と性格を決定し，組織の「手段」化を図り，組織の効率を維持することが，組織のトップのリーダーシップの基本的機能であると論じた。

4 行動科学的リーダーシップ論の研究の焦点は，小集団ではなく，むしろ対面的な関係を維持できないような大規模組織において，成員の職務遂行に効率や職務満足感を向上させるような偉大なトップのリーダーの資質を見いだすことであった。

5 E・H・シャインは，組織文化の創造と管理をトップのリーダーシップの固有の機能と論じた。リーダーは，一度組織文化を創造してしまえば，今度は逆にその文化から拘束されるようになる。この創造の力と拘束の力の複雑な相互作用を解決して，組織文化を管理することがトップのリーダーの中核的任務である。

解説

1 誤。コンティンジェンシー理論の趣旨は，集団の置かれた状況に応じて有効なリーダーシップのスタイルも異なるというものである。したがって，「つねに」とか「いかなる」などといった表現とは相容れない理論といえる。

2 誤。**1**と同様である。

3 誤。テーラーは科学的管理法の研究者であり，リーダーシップについてとくに言及していない。

4 誤。行動科学的リーダーシップ論は，主として対面的・小集団リーダーシップを議論の対象にしている点に特徴がある。また，資質に注目するのは資質理論である。

5 妥当な記述である。シャインの議論についてはテキストでは触れられていないが，この文章程度のことは知っておいた方がよいであろう。

解答　5

重要度
★☆☆

計画と統制

物事を進展させるときには，計画と統制が必要となります。私達の日常の行動においても同じことですが，ましてそれが企業という公的な組織ともなればなおさらのことです。

1．計画と統制の必要性

企業の経営活動のほとんどは，事前の計画に基づいて実施され，統制活動によって評価・分析・修正される。企業組織の内部は，計画と統制で満ちているのである。この2つの活動が企業経営にとって必要とされるのは，以下の理由による。

① 企業を取り巻く環境は日々刻々と変化し，その変化の予測が困難であるから，予測困難な経営環境に立ち向かえるよう，あらかじめ組織の行動の大枠を決めておくものとして，経営計画が必要となる。

② 実際に生じた環境の変化は，事前に策定した**計画**とそれに基づいた行動の修正を余儀なくするので，変化に応じた修正行動をとるために経営**統制**が必要になる。

2．経営計画の分類

経営計画の最も一般的な分類として，計画が対象とする期間の長さによる期間計画と個別計画＊注がある。期間経営計画は，長期計画・中期計画・短期計画に分けられる。

① 長期計画

長期計画とは，通常5年以上を対象として作成される計画である。5年，10年の間にどんな製品分野に進出し，どういった地域に事業展開するか，といったことを包括的に計画するものである。

② 中期計画

中期計画とは，通常3年から5年程度を対象にした計画である。長期計画によって立てた目標を実現するために必要となる。資金，設備，人材などを調達，配置，教育するための計画である。

③　短期計画

短期計画とは，通常，1年以内を対象とする計画である。従業員の日々の活動の目標や内容を明確化するために作られるもので，予算，販売計画，生産計画などがある。

＊注　個別計画とは，問題別に立てられる計画であり，設備投資計画が代表例である。

3．経営統制の手法

経営統制（経営コントロール）とは，経営活動の実績を測定し，目標の達成状況を評価し，それを次の経営活動に反映させていくという一連の活動を意味する。

統制活動をおこなうためには，目標の達成状況を実際に把握するための評価基準ないし評価指標が必要だが，**予算**などの財務的な数値が使われることが多い。

予算とは，費用の支出予定額に加え，販売予測や生産計画を組み合わせて，目標とする利益額を達成するための計画であるが，統制の用具としての機能をもつ。

予算と実際の活動の結果とを比較してギャップがあれば，その原因究明とともに，ギャップを埋めるための修正行動をとる。これが予算を使った統制活動である。

4．計画と統制の連動関係

計画と統制はそれぞれ別個に機能するのではなく，お互いに連動することで有効な管理活動を実現している。計画は，活動の評価・分析の基準となる目標値を統制活動に提供しているし，他方，統制による活動結果の評価・分析は，フィードバック情報を次の計画活動にもたらしている。

この両者の関係を，計画と統制の**連動関係**とよぶ。連動関係は，予算による統制活動のように，1つの制度のなかに計画と統制のシステムが同時に存在しているることに，典型的にみてとることができる。

ポイント整理

1　計画

- 将来採るべき行動の内容を事前に定めておくことである。予測困難な経営環境に立ち向かえるよう，あらかじめ組織の行動の大枠を決めておくものとして，経営計画が必要となる。
- 経営計画の種類には，長期計画，中期計画，短期計画がある。

2　統制（コントロール）

- 統制とは，経営活動の実績を測定し，目標の達成状況を評価し，それを次の経営活動に反映させていくという一連の活動を指す。
- 実際の経営統制の用具としては，予算などの財務数値がよく使われる。
- 計画と統制との間には，双方向に作用し，相互に依存し合うという連動関係が存在している。

Exercise

問題　計画と統制に関する次の記述のうち，妥当なものはどれか。

1 経営計画は一般に，計画の対象期間の長さという観点から，長期経営計画，中期経営計画，短期経営計画に分類できる。このうち，短期経営計画はその対象期間が１年から３年程度のものを指している。

2 C・I・バーナードによれば，企業の意思決定は，戦略的意思決定，管理的意思決定，業務的意思決定の３つに大別できるという。そしてこれらの意思決定が具体的に計画化されたものが，戦略的計画，管理的計画，業務的計画である。

3 経営計画と経営統制は連動関係にあるといわれる。これは，経営計画が，活動の評価・分析の基準となる目標値を統制活動に提供しているという関係を指した表現である。

4 H・ファヨールは，経営管理活動を，計画，組織，指導，統制の４つの要素の循環過程であると唱えた。

5 予算とは，企業全体あるいは各部門の目標や方針を財務数値という形に総合した短期の利益計画ととらえることができる。このような予算の重要な機能の１つとして，予算目標を積極的に達成しようという意欲を高めることができるという，モチベーション機能を挙げることができる。

解説

1 誤。短期経営計画は１年以内のものを指す。

2 誤。この意思決定の分類はアンゾフによるもの。

3 誤。計画と統制の連動関係とは，問題文の「計画→統制」という関係に加えて，統制活動がフィードバック情報を次の計画活動にもたらすという「統制→計画」の関係も意味する表現である。

4 誤。ファヨールを始祖とする管理過程学派のなかには，このようなとらえ方をする研究者も存在するが，ファヨール自身は管理活動を５つの要素に分類している（第２章第１節参照）。

5 妥当な記述である。テキストでは触れられていない細かい論点ではあるが，予算のもつモチベーション機能は覚えておいても無駄にはならないであろう。

解答　5

5 財務管理論

企業にとって最も重要な経営資源である資金の調達や，運用の管理のあり方について研究するのが財務管理論です。

1．財務管理の定義

財務管理とは，企業の財務活動を対象とした管理活動のことである。すなわち，財務管理とは，資本の調達，運用というカネの流れに注目し，これについて適切な計画と統制をおこなうことなのである。

2．財務管理の目的

財務管理の目的とは，**企業価値の極大化**を目指すものである。だが，企業価値は株価によってのみ測られるものではなく，さまざまな評価方法がある。

3．資本調達源泉の分類と資本コスト

(1) 資本調達源泉の分類

資本は，自己資本と他人資本に分けられる。

① 自己資本…株式および内部金融＊注1

② 他人資本…社債，借入金，企業間信用

＊注1　内部金融とは，内部留保や減価償却費＊注2など社外に流出しない資金のことである。

＊注2　減価償却費の内部金融効果

減価償却費は，毎期計上される費用であるが，実際に現金が支出する費用ではない。したがって，費用として計上されることにより利益が少なく計算されるため減税効果があり，その分だけ資金が企業内部に留保され，新規投資への積立といった性格をもつ。

（2）資本コスト

資本コストとは企業が調達した資本にかかるコストのことである。資本コストは，株主から出資を受ける場合（自己資本を利用した場合）にかかる株主資本（自己資本）コストと，借入などの場合（他人資本を利用した場合）にかかる負債（他人資本）コストに分けることができる。

①　株主資本コスト

株主資本コストとは，資本コストのうち株主からの出資を受けて調達した資本に対するコストのことである。たとえば，株主に対して利益の分配として支払う配当も株主資本コストである。

一般的に株主資本コストは以下の算式により求められる。

株主資本コスト＝リスク・フリー・レート＋リスク・プレミアム

リスク・フリー・レートとはリスク・フリーの投資（リスクのない投資のことで通常は国債を意味する）から得られる利回り（市場利子率などの期待収益率）のことである。**リスク・プレミアム**とはその株式投資の期待収益率がリスク・フリー・レートを上回る利回りをいう。すなわち，リスク・フリーの投資（国債への投資）とリスクのある株式投資が同じ期待収益率であった場合，普通の投資家はリスク・フリーの投資を選択する。したがって，投資家に株式投資をしてもらうためには株式投資の期待収益率がリスク・フリー・レートを上回ることが必要であり，この差をリスク・プレミアムという。

また，株主資本コストは投資家の観点からみれば，株主の要求する最低限の収益率ともいえる。

②　負債コスト

負債コストとは，資本コストのうち債権者から調達した負債にかかるコストのことであり，具体的には借入金の利息や社債券の発行費用や社債利息などのことである。

〈参考〉レバレッジ効果

レバレッジとは「てこ」の意味であり，財務管理論では「負債」の意味で用いられる。

負債の利用は企業にとって1株あたり利益＊注1や自己資本利益率＊注2を増大（場合によっては低下）させる効果がある。こうした負債利用の効果のことを**レバレッジ効果**という。

＊注1　**1株あたり利益＝$\frac{\text{利益}}{\text{発行済株式総数}}$**

＊注2　**自己資本利益率＝$\frac{\text{利益}}{\text{自己資本}}$**

例として総運転資本を100円とする企業を考えてみよう。この企業の営業利益を第1期は10円，第2期は5円であるとする。

もしこの企業の資本が全額自己資本であるとすると，

第1期の自己資本利益率：$\frac{10}{100} \times 100 = 10\%$

第2期の自己資本利益率：$\frac{5}{100} \times 100 = 5\%$

となる。

しかし，もしこの企業の資本が自己資本と負債半分ずつであるなら，

第1期の自己資本利益率：$\frac{10}{50} \times 100 = 20\%$

第2期の自己資本利益率：$\frac{5}{50} \times 100 = 10\%$

となる。

つまり，負債比率＊注3が高まると，自己資本利益率が高まるため，1株あたり利益や配当を上昇させる効果をもつのである。

＊注3　**負債比率＝$\frac{\text{負債}}{\text{自己資本}}$**

しかし一方で，負債比率が高いと利益に対する支払利息の割合が大きくなり企業のリスクを高めるという逆の効果もある。

一般に企業の総資本利益率＊注4が負債の利子率を上回る場合には，負債を利用した方が自己資本利益率を大きくすることができる。しか

その他

し，企業の総資本利益率が負債の利子率を下回ると，テコは逆に働き，自己資本利益率は縮小し，倒産の危険性が出てくる。

＊注 4　**総資本利益率＝$\frac{\text{利益}}{\text{総資本（自己資本＋他人資本）}}$**

〈参考〉資本構成の決定と MM 理論

資本構成の決定とは，総資本（自己資本＋他人資本）のうち自己資本と他人資本の占める割合を決定することである。

資本構成を決定する理論として有名なのがモジリアーニ（F. Modigliani）とミラー（M. H. Miller）が主張した**MM 理論**（MM 命題）である。

モジリアーニ＝ミラーは，完全資本市場，倒産の危険は生じないなどの前提においては，**資本構成は会社の価値**（**企業価値**）**や資本コストには全く影響しない**，ということを主張した。この理論のもとでは，資本構成は企業価値とは無関係なため，**最適資本構成は存在しない**，ということになる。

ただし，法人税や倒産のリスクをモデルに組み込むと最適資本構成は存在する。

4．投資の決定方法

資本を運用するにあたり，投資に対する意思決定をおこなわなければならない。そのような意思決定には次のような投資評価方法が用いられる。

①　正味現在価値法（NPV 法：Net Present Value）

NPV 法とは，当該投資による事業が毎期生み出すキャッシュフロー（正味現金収入）を資本コストで割引いた割引現在価値から，投資額の現在価値を差し引いた金額によって投資を判断する方法である。NPV がプラスなら投資は有利であり，マイナスなら不利と判断する。

②　内部収益率法（IRR：Internal Rate of Return）

IRR 法とは，投資による事業が毎期生み出すキャッシュフローの現在価値が投資額の現在価値と等しくなるような利益率（内部利益率）を求め，その内部利益率が高いものを採用するという評価方法である。IRRは大きいほど有利であり，内部利益率＞資本コストなら投資は有利であり，逆ならば不利である。

③　（単純）回収期間法

（単純）回収期間法とは，時間的価値を考慮しない簡便な評価方法であり，投資額を単純に投資による事業が生み出すキャッシュフローで割った値を回収するのに要する期間とし，その回収期間の短い投資案を有利とする。

④　割引回収期間法

割引回収期間法とは，キャッシュフローを資本コストなどで割り引いて現在価値になおしたうえで，③と同じ計算をおこない回収期間を計算する方法である。

⑤　会計的利益率法（平均収益率法ともいう）

会計的利益率法とは，ある投資案の全期間を通じての会計的平均利益を，平均投資額で除した値の大きい投資案を有利とする評価方法である。

〈参考〉投資判断に関係する指標

財務管理にはさまざまな指標が存在するが，ここでは特に投資家が重視する指標のうち代表的なものを紹介しておくこととする。

①　**ROE**（Return On Equity；自己資本利益率）

$$\mathrm{ROE} = \frac{\text{(税引後)当期純利益}}{\text{自己資本}}$$

ROE（自己資本利益率）は株主資本利益率ともよばれ，企業の業績を財務的に評価する方法の１つである。株主が投下した資本が効率的に利用をされているかどうかを判断するための指標である。

②　**ROA**（Return On Asset；総資産利益率）

$$\mathrm{ROA} = \frac{\text{当期純利益}}{\text{総資産(＝総資本)}}$$

その他

ROA（総資産利益率）は，ROEとともに企業の業績を財務的に評価する方法の1つである。ROEと異なり，株主だけでなく債権者も含めた関係者から集めた資本が効率的に利用されているかどうかを判断するための指標である。ROEが株主にとっての効率性を示しているのに対してROAは企業全体の効率性を示している。

③　**PER**（Price Earnings Ratio；株価収益率）

$$\text{PER} = \frac{\text{株価}}{\text{1株あたり(税引後)当期純利益}}$$

PERは企業の1株あたり利益（EPSという）に対する株価の倍率のことである。株価と企業の収益力を比較することにより株式価値を判断するための指標である。市場平均との比較や，企業の過去との比較で株価の割高・割安を判断する。

④　**配当性向**

$$\text{配当性向} = \frac{\text{配当金}}{\text{(税引後)当期純利益}}$$

配当性向は，税引後の当期純利益に対する配当金の割合をいい，配当性向が高いほど企業の内部留保が少なく，配当性向が低いほど企業の内部留保が多いことを意味している。

ポイント整理

1　財務管理の意義

- 企業における資本の調達・運用を管理する活動

2　財務管理の目的

- 財務管理の目的＝企業価値の極大化

3　資本調達源泉の分類と資本コスト

- 自己資本…株式および内部金融⇒株主資本コスト
- 他人資本…社債，借入金などの負債⇒負債コスト

4　投資の決定方法

- 正味現在価値法，内部収益率法，回収期間法，割引回収期間法，会計的利益率法などがある。

重要度

6 マーケティング論

マーケティングとは，簡単にいってしまえば販売戦略のことです。出題頻度もある程度高い重要な領域です。

1．マーケティングとは

マーケティングとは，販売管理のことであり，一般には，顧客のニーズを満たすために商品またはサービスの提供を効果的におこない，企業として目指す利益その他の諸目標を達成していく活動を意味するといわれる。

マーケティングはプロダクト・マネージャーとよばれる担当者によりおこなわれる。プロダクト・マネージャーは新製品の企画から販売に至るまで担当製品に関するすべての責任を持つことになる。

また，マッカーシー（E. J. McCarthy）によれば，マーケティングの成功のためには，**製品**（Product），**価格**（Price），**流通経路**（Place），**プロモーション**（Promotion）の，いわゆる4Pを最適に組み合わせる活動（マーケティング・ミックス）が必要だという。このことがいわゆる4P's説である。

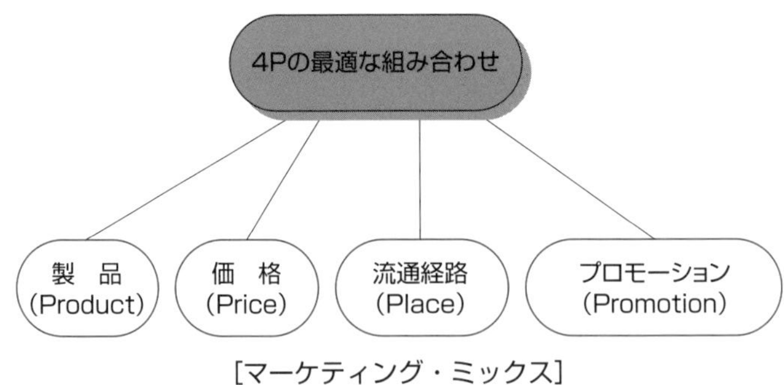

[マーケティング・ミックス]

2．マーケティング戦略

（1）製品差別化戦略（市場集合戦略）と市場細分化戦略

マーケティング戦略とは，企業目標の効率的な達成のためにおこなう，マーケティングに関する基本的・長期的な意思決定行為のことである。

マーケティング戦略の展開にあたり，その前提となるマーケティングの基本的な考え方には製品差別化戦略（市場集合戦略）と市場細分化戦略とがある。

製品差別化戦略と市場細分化戦略はマーケティングにおいて顧客にどのような製品を提供するかを考えるうえで基本となる戦略である。

①　製品差別化戦略

製品差別化戦略とは，大量生産・大量消費という生産者側の論理を背景とした戦略で，**生産者志向的な戦略**である。製品の流通やパッケージなどによって自社製品を他社製品から差別化し，自社のブランドを浸透させるための広告宣伝などのマーケティングをおこなう戦略である。

②　市場細分化戦略

市場細分化戦略とは，顧客の嗜好を中心に考える**顧客志向的な戦略**であり，顧客の需要の多様性や異質性を考慮し，顧客・市場を所得，性別，ライフスタイル，地域別などの何らかの基準によってグループ化（細分化，セグメント化ともいう）し，それぞれの細分化された顧客層の欲求をより満たすような製品開発，広告宣伝などのマーケティングをおこなう戦略である。

〈参考〉プロダクト・アウトとマーケット・イン

製品差別化戦略と市場細分化戦略と類似した概念を，近年ではプロダクト・アウトとマーケット・インということがある。

①　プロダクト・アウト（シーズ主導型）

プロダクト・アウトとは，企業が新製品の開発・製造・販売をおこなう上で企業側の都合（論理や技術等）を優先し，顧客に提供しようという考え方である。

② **マーケット・イン**（ニーズ主導型）

マーケット・インとは，企業が新製品の開発・製造・販売をおこなう上で消費者のニーズを優先し，顧客の求めるものを提供していこうという考え方である。

日本では，従来から，「よいものを作れば売れる」といったプロダクト・アウト的な発想が主流であったが，近年では消費者の嗜好の多様化や市場の成熟化もあり，「**プロダクト・アウトからマーケット・インへの転換**」が主張されている。

〈参考〉マス・マーケティングとターゲット・マーケティング

プロダクト・アウトとマーケット・インに類似した概念をマス・マーケティングとターゲット・マーケティングとよぶことがある。

① **マス・マーケティング**

マス・マーケティングとは，あらゆる顧客を対象として大量生産・大量販売・大量広告を展開する手法である。作れば売れる時代においては主流の考え方であった。

② **ターゲット・マーケティング**

しかし，市場が成熟化すると，顧客を細かく市場セグメントに分割（マーケット・セグメンテーション＝市場細分化）し，その特定のセグメントにマーケティングをおこなうことが必要となってくる。

ターゲット・マーケティングとは，特定のセグメントを対象としたマーケティングのことである。

マーケティング戦略はさらに具体的にいえば，製品戦略，価格戦略，流通経路戦略，プロモーション戦略に分けることができる。

（2）製品戦略

製品戦略とは，製品に関する政策決定である。

① 製品ライン戦略

製品ライン戦略とは，製品ラインの幅（関連製品数）とその深さ（品種の数）についての戦略である。

② 製品ミックス戦略

製品ミックス戦略とは，製品の最適構成比についての戦略である。

③ 製品ライフサイクル戦略

製品ライフサイクル戦略とは，各製品のライフサイクルに応じた製品改良，新品種の追加，製品破棄などについての戦略である。

④ 新製品戦略

新製品戦略とは，顧客のニーズの変化に対応した新製品開発についての戦略である。

⑤ 製品破棄戦略

製品破棄戦略とは，赤字製品の生産中止によって利益率の改善をめざした戦略である。

（3）価格戦略

価格戦略とは，**製品の価格をいかに設定するか**についての決定である。

① スキミング・プライシング（上澄み吸収価格政策）とペネトレーション・プライシング（浸透価格政策）

新製品の販売に際して価格をどのように設定するかは重要な問題である。新製品の価格政策にはスキミング・プライシングとペネトレーション・プライシングという２つの考え方がある。この２つの考え方は，第４章で述べた経験曲線を前提とした価格政策である。

1）スキミング・プライシング（上澄み吸収価格政策）

スキミング・プライシングとは，上澄み吸収価格政策ともよばれ（スキムとは表面をすくい取るといった意味），**新製品の導入期において高価格を設定する政策**である。

高価格を設定することにより製品の高級感をイメージすることができるため，高額所得層や新規なものを好む顧客層をターゲットにする場合に適しており，それゆえに，製品に新奇性があることなど高価格に値する高付加価値製品であることが前提となる。

スキミング・プライシングでは，経験曲線に沿ってコストが低下するのを追いかけるように徐々に価格を低下させ，普及価格帯の顧客を開拓していくこととなる。

2）ペネトレーション・プライシング（浸透価格政策）

ペネトレーション・プライシングとは，浸透価格政策ともよばれ，**新製品の導入期にあえて低価格を設定する政策**である。

低価格を設定することにより，すべての所得層の顧客を引きつけ多くのマーケット・シェアを獲得することを目的としている。ペネトレーション・プライシングは，製品ライフサイクルが導入期でも競争が激しいような場合に適している。

ペネトレーション・プライシングでは，新製品の導入期で累積生産量が少なく，製造コストが高い時期にあえて当初の赤字を覚悟して低い価格を設定する。そのことにより市場の需要を一気に自社に引きつけ，累積生産量を一気に増やすことができる。このことは経験曲線が他社に先駆けて滑り降りることを意味しており，これによって低コストの実現を可能にし，初期の赤字を補って余りある利益を獲得できる。

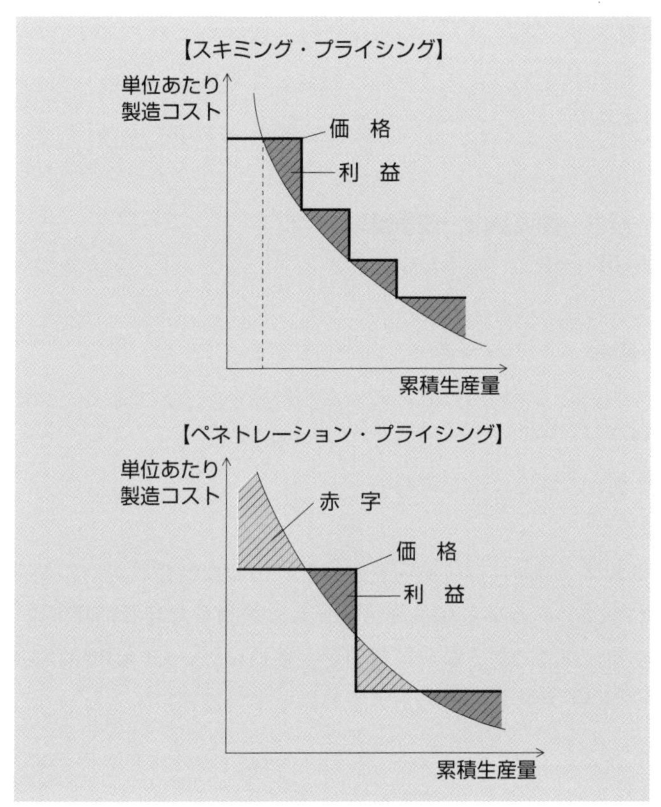

[経験曲線と価格政策]

〈参考〉クリーム・スキミング

スキミング・プライシングと類似した用語に「クリーム・スキミング」がある。クリーム・スキミングとは，ミルクからクリームのみを吸収するといった意味合いであり，事業のなかで最も利益の上がるうまみのある部分だけを選択する（いわば「**いいとこ取り**」）という意味で用いられる。

規制緩和などによって公共性の高い事業に新規参入する事業者が取る戦略である。

たとえば，NTT は民営化したものの元来，公共的な性格が強く，収益の上がらない地域でもサービス提供をおこなわなければならない。

それに対して，新規参入した事業者は，収益の上がる地域でのみ活動することによって，より効率的に利益を獲得することができる。こうした戦略をクリーム・スキミングという。

② コスト基準，需要基準，競争基準

前述の議論とは別に，価格設定にあたっては，コスト，需要特性，競争関係などが考慮され設定の基準となる。

1）コスト基準

コスト基準とは，原価加算方式による価格設定のことである。つまり製造原価と販売費に自社マージン（マージンとは利益のこと），さらには中間経路のマージンを加えて販売価格を決める。

2）需要基準

需要基準とは，製品に対する需要の特性に応じた価格設定のことである。たとえば，奢侈品であるなら高品質イメージを強調した高価格設定にするとか，購買頻度の高い商品であるなら，買い手が価格についての慣習的水準を学習により確立しているために，その水準を逸脱しない価格にするといった価格設定方式である。

3）競争基準

競争基準とは，競争関係にある他社の平均価格と比較してそれと同じ価格を設定する市価主義，それより高い価格をつける高価格主義，および市価以下の価格をつけるという低価格主義がある。

（4）流通経路戦略

流通経路戦略とは，製品の流通経路，すなわち**マーケティング・チャネル**に関する決定である。この決定は，以下の内容を含んでいる。

① 自社が直接に顧客に向けて販売するか，あるいは中間業者を使うかを決定

② 一定地域内にどれだけの取引店を配置するかという決定

③ チャネルの構成員（中間業者）が競争他社の製品を取り扱うことを認めるか否かの決定

（5）プロモーション戦略

プロモーション戦略とは，製品売上を増大させるため，企業が消費者に対しておこなうあらゆる種類のコミュニケーション活動を決定する戦略である。具体的には，新聞・雑誌・テレビなどのメディアを通じたコミュニケーションである「広告」，見込客に対する口頭での対面的なコミュニケーションである「対人販売」，広告料なしで製品を各種メディアに取り上げてもらうように働きかける「パブリシティ」などが含まれる。

このようなプロモーション活動の適切な組み合わせ方法の選択（プロモーション・ミックス）は，企業にとっても重要な課題となるが，典型的なプロモーション戦略は次の2つである。

①　プル戦略

プル戦略とは，消費者に対して，自社製品の**広告宣伝**を積極的におこなうことにより，消費者の購買意欲を刺激して，自社製品を販売している店舗に消費者の足を向かわせ，それを買わせる戦略である。広告宣伝により消費者を店舗に「引っ張ってくる」という意味で，プル戦略という。一般的にプル戦略は，ブランドにより選好されることの多い家電，アパレルなどの製品を販売する場合に有効であるとされる。

②　プッシュ戦略

プッシュ戦略とは，**販売員による販売促進**などによって，自社製品を消費者に向かって積極的に売り込んでいく戦略である。一般的に，知名度の低い製品や差別化の難しい製品を販売する際に有効であるとされる。

プル戦略とプッシュ戦略は，二者択一の問題ではなく，両者を併用しつつそのつどどちらにより重きをおくかという方法が，プロモーション戦略の展開上で重要となる。

〈参考〉マーケティングの用語

マーケティングは新しい用語が多い研究分野である。以下に，代表的な用語を挙げておくこととする。

① ブランド戦略

近年の企業が重視するマーケティング戦略の１つに，ブランド戦略がある。ブランドとは商標の意味であるが，一般的にはより広く知名度や信頼性などを含んでブランドとよんでいる。

１）ブランド・エクイティ

ブランド・エクイティとは，その企業のブランドがもつ信頼感や知名度という無形の価値を資産として評価したもののことをいう。ブランド・エクイティは，ブランドの認知度，商標登録，ブランド・ロイヤルティなどから構成されている。

２）ブランド・ロイヤルティとストア・ロイヤルティ

ブランド・ロイヤルティとは特定のブランド（商標）に対する顧客の忠誠心のことをいう。それに対して，ストア・ロイヤルティとは特定の店舗に対する顧客の忠誠心のことをいう。

３）ナショナル・ブランドとプライベート・ブランド

ナショナル・ブランドとは製造業者の掲げるブランドで，全国的に認知されているものをいう。

それに対して，プライベート・ブランドとは百貨店などの小売業者の独自のブランドのことである。大手流通業者のパワーが増大するにつれて，単に製造業者が作ったものを売るのではなく，生産をも系列化して，自主的なマーケティングをおこなおうとする動きのなかで出てきたブランドである。

マーケティングにおいてプライベート・ブランドを選択するか，ナショナル・ブランドのままで販売するかは上述のブランド・ロイヤルティとストア・ロイヤルティと関係している。

たとえば，百貨店などの大手流通業者はストア・ロイヤルティを持っているため中小メーカーに生産委託した製品（ナショナル・ブランドとしてのパワーがない製品）に流通業者ブランド（プライベート・ブランド）をつけて販売することができる。

すなわち，ストア・ロイヤルティがブランド・ロイヤルティよりも強い場合にはメーカーの生産した製品にプライベート・ブランドをつけて販売される。しかし，逆に，ストア・ロイヤルティがブランド・ロイヤルティよりも弱い場合にはプライベート・ブランドをつけずナショナル・ブランドのまま販売される。

② 顧客の管理

1）**CRM**（Customer Relationship Management）

CRMとは顧客関係管理のことであり，企業が顧客との間に長期継続的な信頼関係を構築しようとする経営手法のことである。

2）**リレーションシップ・マーケティング**

リレーションシップ・マーケティング（関係性マーケティング）とは，新規顧客の獲得よりも既存顧客との関係を深化・維持させていこうというマーケティングの考え方をいう。従来のマーケティングは「顧客創造型」のマーケティングが重視され，最低限のコストでいかに潜在的な市場を開拓するかに焦点が置かれてきた。しかし，近年，競争の激化などにより，新規の顧客獲得よりも，既存の顧客と1対1の関係を構築し，ロイヤルティ（忠誠心）を高めようという「顧客維持型」のマーケティングが重要視されてきている。

③ 新しい小売業の形態

近年，従来の百貨店やスーパーではない新しい小売業の形態が生まれてきており，以下ではそのいくつかについて挙げておくことにする。

1）**カテゴリーキラー**

カテゴリーキラーとは**専門型大型量販店**のことであり，特定分野の商品に絞込み，品揃えを多くし，低価格で大量販売する小売業のことである。アメリカで1980年代以降に急成長した小売業の形態である。代表的には玩具の「トイザらス」などがカテゴリーキラーの例である。

2）**SPA**（Speciality store retailer of Private label Apparel）

SPAとは**製造小売業**または製造直販型小売業のことである。衣料品の企画，開発，製造，流通，販売までを自社でコントロールする仕組みをもった企業をいう。代表的にはGAPやユニクロがSPAの例である。

④ ソーシャル・マーケティング

1）コンシューマリズム

コンシューマリズムとは**消費者運動**のことであり，企業の欠陥商品の販売や環境破壊に対して消費者が起こす活動全般のことをいう。コンシューマリズムは1960年代に起きた考え方で，代表的にはラルフ・ネイダーによるGMの批判が有名である。コンシューマリズムの考え方は現在では広がりを見せ，具体的には前述したステイクホルダーの重視，SRI，PL法（製造物責任法）などに現れている。

2）ソーシャル・マーケティング

1970年代に入り，上述のコンシューマリズムの考え方に対応するために登場したのがソーシャル・マーケティングである。

ソーシャル・マーケティングとは**社会的責任のマーケティング**であり，具体的には，企業を運営していくにあたって，社会的責任を考慮に入れ，企業倫理を守りつつ長期的な視点でマーケティングをおこなう考え方をいう。

ただし，ソーシャル・マーケティングという用語は，全く別の意味で用いられることもある。それは，マーケティングの概念を企業のみならず，教育，行政といった**非営利組織にも適用**し，効率化を目指そうといった考え方を意味している。

〈参考〉コトラーの競争地位別戦略

マーケティング論の著名な研究者であるフィリップ・コトラーは，企業のとるべき競争戦略は，その企業の業界における地位に応じて4つ（リーダー戦略，チャレンジャー戦略，フォロワー戦略，ニッチ戦略）に類型化されると主張した。

① リーダー（リーダー戦略）

リーダーとは，その業界で，トップの市場シェアをもつ企業である。

リーダーのとるべきリーダー戦略とは，市場そのものの拡大，市場シェアの維持または拡大である。

② チャレンジャー（チャレンジャー戦略）

チャレンジャーとは，その業界でリーダーに次ぐ2～3番手の市場シェアをもつ企業である。チャレンジャーは，一般にそれなりの規模の大きさをもち，特定の資源ではリーダーに匹敵するものを有している。

チャレンジャーのとるべきチャレンジャー戦略とは，リーダーに追いつくために，リーダーや能力で劣る他企業に攻撃をしかけることである。一般にはリーダーに対しては差別化やコスト引き下げで，下位企業に対しては，経営資源の優位性を武器に攻撃をしかける。

③ フォロワー（フォロワー戦略）

フォロワーとは，その業界ではチャレンジャーより下位の市場シェアをもつ企業である。フォロワーは，リーダーには挑戦せず，リスク回避的に，リーダーとチャレンジャー以外の市場を狙う企業である。

フォロワーがとるべきフォロワー戦略とは，上位企業の模倣をおこなうことであり，リーダーやチャレンジャーとの直接的な競争はできるだけ回避する。

④ ニッチャー（ニッチ戦略）

ニッチャーとは，大企業がターゲットにしないニッチ市場に特定化する企業であり，中小企業であることが多い。

ニッチャーがとるべきニッチ戦略とは，限られた経営資源を，限定された市場に集中して投下し，利益を上げることである。

索　　引

●せ

●そ

●た

●ち

●つ

●て

●と

●な

●に

●ね

●の

●は

●る

●れ

●ろ

●わ

●参考文献一覧

「経営学入門シリーズ・現代企業入門」土屋守章著　日本経済新聞社　1979 年
「経営学入門シリーズ・経営管理」野中郁次郎著　日本経済新聞社　1983 年
「経営学入門シリーズ・経営組織」金井壽宏著　日本経済新聞社　1999 年
「経営用語の基礎知識」野村総合研究所編著　ダイヤモンド社　2001 年
「組織論」桑田耕太郎・田尾雅夫著　有斐閣アルマ　1998 年
「経営管理」塩次喜代明・高橋伸夫・小林敏男著　有斐閣アルマ　1999 年
「日本的市場経済システム～強みと弱みの検証」鶴光太郎著　講談社　1994 年
「コーポレート・ガバナンス～日本とドイツの企業システム」高橋俊夫編著　中央経済社　1995 年
「21 世紀中小企業論～多様性と可能性を探る」渡辺幸男・小川正博・黒瀬直宏・向山雅夫著　有斐閣アルマ　2001 年
「超企業・組織論」高橋伸夫編　有斐閣　2000 年
「経営学史事典」経営学史学会編　文眞堂　2002 年
「経営学辞典」占部都美編著　中央経済社　1980 年

本書の内容は、小社より2019年８月に刊行された「公務員試験 過去問攻略Ｖテキスト 12 経営学（ISBN：978-4-8132-8356-0）」と同一です。

公務員試験　過去問攻略Ｖテキスト　12　経営学　新装版

2019年８月15日　初　版　第１刷発行
2024年４月１日　新装版　第１刷発行

編著者　ＴＡＣ株式会社（公務員講座）
発行者　多田敏男
発行所　ＴＡＣ株式会社　出版事業部（TAC出版）

〒101-8383
東京都千代田区神田三崎町3-2-18
電話　03(5276)9492(営業)
FAX　03(5276)9674
https://shuppan.tac-school.co.jp

印　刷　日新印刷株式会社
製　本　東京美術紙工協業組合

ISBN 978-4-300-11152-9
N.D.C. 317

公務員講座のご案内

大卒レベルの公務員試験に強い！

2022年度 公務員試験

公務員講座生※1
最終合格者延べ人数※2

5,314名

国家公務員（大卒程度）		計2,797名
地方公務員（大卒程度）		計2,414名
国立大学法人等	大卒レベル試験	61名
独立行政法人	大卒レベル試験	10名
その他公務員		32名

※1 公務員講座生とは公務員試験対策講座において、目標年度に合格するために必要と考えられる、講義、演習、論文対策、面接対策等をパッケージ化したカリキュラムの受講生です。単科講座や公開模試のみの受講生は含まれておりません。
※2 同一の方が複数の試験種に合格している場合は、それぞれの試験種に最終合格者としてカウントしています。（実合格者数は2,843名です。）
＊2023年1月31日時点で、調査にご協力いただいた方の人数です。

1位 全国の公務員試験で合格者を輩出！

詳細は公務員講座（地方上級・国家一般職）パンフレットをご覧ください。

2022年度 国家総合職試験

公務員講座生※1
最終合格者数 **217名**

法律区分	41名	経済区分	19名
政治・国際区分	76名	教養区分※2	49名
院卒/行政区分	24名	その他区分	8名

※1 公務員講座生とは公務員試験対策講座において、目標年度に合格するために必要と考えられる、講義、演習、論文対策、面接対策等をパッケージ化したカリキュラムの受講生です。単科講座や公開模試のみの受講生は含まれておりません。
※2 上記は2022年度目標の公務員講座最終合格者のほか、2023年度目標公務員講座生の最終合格者40名が含まれています。
＊ 上記は2023年1月31日時点で調査にご協力いただいた方の人数です。

2022年度 外務省専門職試験

最終合格者総数55名のうち
54名がWセミナー講座生※1です。

合格者占有率※2 **98.2%**

外交官を目指すなら、実績のWセミナー

※1 Wセミナー講座生とは、公務員試験対策講座において、目標年度に合格するために必要と考えられる、講義、演習、論文対策、面接対策等をパッケージ化したカリキュラムの受講生です。各種オプション講座や公開模試など、単科講座のみの受講生は含まれておりません。また、Wセミナー講座生はそのボリュームから他校の講座生と掛け持ちすることは困難です。
※2 合格者占有率は「Wセミナー講座生（※1）最終合格者数」を、「外務省専門職採用試験の最終合格者総数」で除して算出しています。また、算出した数字の小数点第二位以下を四捨五入して表記しています。
＊ 上記は2022年10月10日時点で調査にご協力いただいた方の人数です。

Wセミナーは TACのブランドです

公務員講座のご案内

無料体験入学のご案内

3つの方法でTACの講義が体験できる!

教室で体験 迫力の生講義に出席

予約不要！ 最大3回連続出席OK!

1. 校舎と日時を決めて、当日TACの校舎へ

TACでは各校舎で毎月体験入学の日程を設けています。

2. オリエンテーションに参加(体験入学1回目)

初回講義「オリエンテーション」にご参加ください。体験入学ご参加の際に個別にご相談をお受けいたします。

3. 講義に出席(体験入学2・3回目)

引き続き、各科目の講義をご受講いただけます。参加者には体験用テキストをプレゼントいたします。

- 最大3回連続無料体験講義の日程はTACホームページと公務員講座パンフレットでご覧いただけます。
- 体験入学はお申込み予定の校舎に限らず、お好きな校舎でご利用いただけます。
- 4回目の講義前までにご入会手続きをしていただければ、カリキュラム通りに受講することができます。

※地方上級・国家一般職、理系(技術職)、警察・消防以外の講座では、最大2回連続体験入学を実施しています。また、心理職・福祉職はTAC動画チャンネルで体験講義を配信しています。
※体験入学1回目や2回目の後でもご入会手続きは可能です。「TACで受講しよう！」と思われたお好きなタイミングで、ご入会いただけます。

ビデオで体験 校舎のビデオブースで体験視聴

TAC各校のビデオブースで、講義を無料でご視聴いただけます。(要予約)

各校のビデオブースでお好きな講義を視聴できます。視聴前日までに視聴する校舎受付までお電話にてご予約をお願い致します。

ビデオブース利用時間 ※日曜日は④の時間帯はありません。

① 9：30 ～ 12：30　② 12：30 ～ 15：30
③ 15：30 ～ 18：30　④ 18：30 ～ 21：30

※受講可能な曜日・時間帯は一部校舎により異なります。
※年末年始・夏期休業・その他特別な休業以外は、通常平日・土日祝祭日にご覧いただけます。
※予約時にご希望日とご希望時間帯を合わせてお申込みください。
※基本講義の中からお好きな科目をご視聴いただけます。(視聴できる科目は時期により異なります)
※TAC提携校での体験視聴につきましては、提携校各校へお問合せください。

Webで体験 スマートフォン・パソコンで講義を体験視聴

TACホームページの「TAC動画チャンネル」で無料体験講義を配信しています。時期に応じて多彩な講義がご覧いただけます。

TACホームページ https://www.tac-school.co.jp/

※体験講義は教室講義の一部を抜粋したものになります。

TAC出版 書籍のご案内

TAC出版では、資格の学校TAC各講座の定評ある執筆陣による資格試験の参考書をはじめ、資格取得者の開業法や仕事術、実務書、ビジネス書、一般書などを発行しています！

TAC出版の書籍

＊一部書籍は、早稲田経営出版のブランドにて刊行しております。

資格・検定試験の受験対策書籍

- 日商簿記検定
- 建設業経理士
- 全経簿記上級
- 税　理　士
- 公認会計士
- 社会保険労務士
- 中小企業診断士
- 証券アナリスト
- ファイナンシャルプランナー(FP)
- 証券外務員
- 貸金業務取扱主任者
- 不動産鑑定士
- 宅地建物取引士
- 賃貸不動産経営管理士
- マンション管理士
- 管理業務主任者
- 司法書士
- 行政書士
- 司法試験
- 弁理士
- 公務員試験(大卒程度・高卒者)
- 情報処理試験
- 介護福祉士
- ケアマネジャー
- 社会福祉士　ほか

実務書・ビジネス書

- 会計実務、税法、税務、経理
- 総務、労務、人事
- ビジネススキル、マナー、就職、自己啓発
- 資格取得者の開業法、仕事術、営業術
- 翻訳ビジネス書

一般書・エンタメ書

- ファッション
- エッセイ、レシピ
- スポーツ
- 旅行ガイド（おとな旅プレミアム/ハルカナ）
- 翻訳小説

(2021年7月現在)

書籍のご購入は

1 全国の書店、大学生協、ネット書店で

2 TAC各校の書籍コーナーで

資格の学校TACの校舎は全国に展開!
校舎のご確認はホームページにて

資格の学校TAC ホームページ
https://www.tac-school.co.jp

3 TAC出版書籍販売サイトで

TAC 出版 で 検索

24時間
ご注文
受付中

https://bookstore.tac-school.co.jp/

新刊情報を いち早くチェック!

たっぷり読める 立ち読み機能

学習お役立ちの 特設ページも充実!

TAC出版書籍販売サイト「サイバーブックストア」では、TAC出版および早稲田経営出版から刊行されている、すべての最新書籍をお取り扱いしています。
また、無料の会員登録をしていただくことで、会員様限定キャンペーンのほか、送料無料サービス、メールマガジン配信サービス、マイページのご利用など、うれしい特典がたくさん受けられます。

サイバーブックストア会員は、特典がいっぱい!(一部抜粋)

通常、1万円(税込)未満のご注文につきましては、送料・手数料として500円(全国一律・税込)頂戴しておりますが、1冊から無料となります。

専用の「マイページ」は、「購入履歴・配送状況の確認」のほか、「ほしいものリスト」や「マイフォルダ」など、便利な機能が満載です。

メールマガジンでは、キャンペーンやおすすめ書籍、新刊情報のほか、「電子ブック版TACNEWS(ダイジェスト版)」をお届けします。

書籍の発売を、販売開始当日にメールにてお知らせします。これなら買い忘れの心配もありません。

公務員試験対策書籍のご案内

TAC出版の公務員試験対策書籍は、独学用、およびスクール学習の副教材として、各商品を取り揃えています。学習の各段階に対応していますので、あなたのステップに応じて、合格に向けてご活用ください!

INPUT

『みんなが欲しかった!
公務員
合格へのはじめの一歩』

A5判フルカラー

●本気でやさしい入門書
●公務員の"実際"をわかりやすく紹介したオリエンテーション
●学習内容がざっくりわかる入門講義

・数的処理（数的推理・判断推理・空間把握・資料解釈）
・法律科目（憲法・民法・行政法）
・経済科目（ミクロ経済学・マクロ経済学）

『みんなが欲しかった!
公務員 教科書&問題集』

A5判

●教科書と問題集が合体!
でもセパレートできて学習に便利!
●「教科書」部分はフルカラー!
見やすく、わかりやすく、楽しく学習!

・憲法
・【刊行予定】民法、行政法

『新・まるごと講義生中継』

A5判
TAC公務員講座講師
郷原 豊茂 ほか

●TACのわかりやすい生講義を誌上で!
●初学者の科目導入に最適!
●豊富な図表で、理解度アップ!

・郷原豊茂の憲法
・郷原豊茂の民法Ⅰ
・郷原豊茂の民法Ⅱ
・新谷一郎の行政法

『まるごと講義生中継』

A5判
TAC公務員講座講師
渕元 哲 ほか

●TACのわかりやすい生講義を誌上で!
●初学者の科目導入に最適!

・郷原豊茂の刑法
・渕元哲の政治学
・渕元哲の行政学
・ミクロ経済学
・マクロ経済学
・関野喬のパターンでわかる数的推理
・関野喬のパターンでわかる判断整理
・関野喬のパターンでわかる
空間把握・資料解釈

要点まとめ

『一般知識
出るとこチェック』

四六判

●知識のチェックや直前期の暗記に最適!
●豊富な図表とチェックテストでスピード学習!

・政治・経済
・思想・文学・芸術
・日本史・世界史
・地理
・数学・物理・化学
・生物・地学

記述式対策

『公務員試験論文答案集
専門記述』

A5判
公務員試験研究会

●公務員試験(地方上級ほか)の専門記述を攻略するための問題集
●過去問と新作問題で出題が予想されるテーマを完全網羅!

・憲法〈第2版〉
・行政法

書籍の正誤に関するご確認とお問合せについて

書籍の記載内容に誤りではないかと思われる箇所がございましたら、以下の手順にてご確認とお問合せをしてくださいますよう、お願い申し上げます。
なお、正誤のお問合せ以外の**書籍内容に関する解説および受験指導などは、一切行っておりません。**
そのようなお問合せにつきましては、お答えいたしかねますので、あらかじめご了承ください。

1 「Cyber Book Store」にて正誤表を確認する

TAC出版書籍販売サイト「Cyber Book Store」の
トップページ内「正誤表」コーナーにて、正誤表をご確認ください。

CYBER BOOK STORE TAC出版書籍販売サイト

URL:https://bookstore.tac-school.co.jp/

2 1の正誤表がない、あるいは正誤表に該当箇所の記載がない ⇒ 下記①、②のどちらかの方法で文書にて問合せをする

★ご注意ください★

お電話でのお問合せは、お受けいたしません。
①、②のどちらの方法でも、お問合せの際には、「お名前」とともに、
「対象の書籍名(○級・第○回対策も含む)およびその版数(第○版・○○年度版など)」
「お問合せ該当箇所の頁数と行数」
「誤りと思われる記載」
「正しいとお考えになる記載とその根拠」
を明記してください。
なお、回答までに1週間前後を要する場合もございます。あらかじめご了承ください。

① ウェブページ「Cyber Book Store」内の「お問合せフォーム」より問合せをする

【お問合せフォームアドレス】

https://bookstore.tac-school.co.jp/inquiry/

② メールにより問合せをする

【メール宛先　TAC出版】

syuppan-h@tac-school.co.jp

※土日祝日はお問合せ対応をおこなっておりません。
※正誤のお問合せ対応は、該当書籍の改訂版刊行月末日までといたします。

乱丁・落丁による交換は、該当書籍の改訂版刊行月末日までといたします。なお、書籍の在庫状況等により、お受けできない場合もございます。
また、各種本試験の実施の延期、中止を理由とした本書の返品はお受けいたしません。返金もいたしかねますので、あらかじめご了承くださいますようお願い申し上げます。

(2022年7月現在)